Gunter Schramm

Trekking Handbuch

„Was die Raupe Ende der Welt nennt,
nennt der Rest der Welt Schmetterling."
Lao-tse

Impressum

Gunter Schramm
Trekking Handbuch
erschienen im
REISE KNOW-HOW Verlag Peter Rump GmbH
Osnabrücker Straße 79, 33649 Bielefeld

© Peter Rump
1. Auflage 2001
Alle Rechte vorbehalten.

Lektorat und Gestaltung
Umschlag: G. Pawlak, P. Rump (Layout), G. Pawlak (Realisierung)
Inhalt: G. Pawlak (Layout), K. Werner (Realisierung)
Lektorat: K. Werner
Fotos: der Autor (gs), R. Höh (rh), R. Krack (rk), J. Mattausch (jm)
Zeichnungen: der Verlag

Druck und Bindung
Fuldaer Verlagsagentur

ISBN 3-89416-774-2
Printed in Germany

Dieses Buch ist erhältlich in jeder Buchhandlung der BRD, Österreichs, der Niederlande und der Schweiz. Ihre Information, welche Barsortimente sie beliefert, erhalten Sie von Ihrem Buchhändler über folgende Belieferungsmöglichkeiten:

BRD
Prolit GmbH, Postfach 9, 35461 Fernwald (Annerod)
sowie alle Barsortimente
Schweiz
AVA-buch 2000, Postfach 27, CH-8910 Affoltern
Österreich
Mohr Morawa Buchvertrieb GmbH
Sulzengasse 2, A-1230 Wien
Niederlande
Nilsson & Lamm BV, Postbus 195, NL-1380 AD Weesp

Wer im Buchhandel trotzdem kein Glück hat, bekommt unsere Bücher direkt bei: **Rump Direktversand**, Heidekampstraße 18, D-49809 Lingen (Ems) oder über den Büchershop auf unserer Homepage: **www.reise-know-how.de**

Gunter Schramm

Trekking Handbuch

INHALT

Vorwort

Was ist Trekking? Nehmen Sie sich ein Lexikon oder ein Fremdwörterbuch aus den achtziger Jahren zur Hand und suchen Sie danach – Fehlanzeige. Haben wir es mit einer völlig neuen Sportart bzw. Freizeitbeschäftigung zu tun oder ist es nur eine neue Bezeichnung für einen alten Hut?

Wohl ein wenig von beidem. Trekking ist ursprünglich eine Erscheinung des Bergtourismus, die sich im Zuge der touristischen Erschließung der Bergregionen entwickelt hat. Durch das Trekking wird es möglich, dass sich nicht nur geübte Bergsteiger mit Kletter-, Eis- und Gipfelerfahrung in den Bergregionen bewegen können, sondern auch diejenigen, die sich mit ausreichend Kondition zwischen den Gipfeln hindurchschlängeln wollen.

Das Wandern durch wilde, ursprüngliche Landschaften, das Naturerlebnis, die Freude an Fremdem, das Genießen der Einsamkeit, natürlich ein wenig die Abenteuerlust und die Herausforderung, sich auf eigene Faust in der „Wildnis" durchzuschlagen – all das ist Trekking.

Trekking-Touren können Sie in ganz unterschiedlichen Landschaften unternehmen. Sie können durch Wald streifen, im Hochgebirge Eisriesen umrunden, an der Meeresküste entlang oder gemütlich von Ort zu Ort wandern. Extreme Ausprägungen des Trekkings wie Wüstentrekking oder Dschungelwandern würden ein eigenes Buch füllen und werden deshalb hier nur am Rande betrachtet.

Dieses Buch soll Ihnen helfen, die individuell richtige Tour zu finden, Sie auf die Herausforderungen solch einer Trekking-Tour vorzubereiten und sie erfolgreich durchzuführen. Darüber hinaus werden zahlreiche Tipps auch für die Erfahreneren unter Ihnen gegeben. Das Kapitel „Attraktive Trekking-Touren weltweit" bietet schließlich eine Auswahl besonders reizvoller Touren mit völlig unterschiedlichen Anspruchsniveaus und Attraktionen.

Entdecken Sie die Faszination des Trekkings, egal ob im Hochgebirge oder in sanfteren Regionen. Ich wünsche Ihnen dabei viele anregende Erlebnisse und stille Stunden.

Gunter Schramm

Danksagung

Ganz herzlichen Dank meiner Freundin Petra. Zusammen haben wir schon verschiedene Trekking-Abenteuer bestanden und ihr Mitwirken hat ganz entscheidend zu diesem Buch beigetragen. Weiterhin danke ich meinem Freund Stefan, der auf vielen Trekking-Touren ein zuverlässiger Partner war.

▶ *Der Annapurna dominiert über Menschen und Siedlungen*

Wahl der Tour

Trekking für wen?

Weit vor jeder Vorbereitung und Planung steht die Wahl der passenden Tour. Dazu gilt es, das Angebot an Trekking-Touren weltweit mit den persönlichen Ansprüchen und Bedürfnissen abzugleichen. Was erwarten Sie, was können und wollen Sie leisten und welche der unzähligen Trekking-Touren passt zu diesem Anforderungsprofil?

Ist Trekking nur eine Beschäftigung für junge dynamische Bergsteiger und Wanderer? Oder auch etwas für die alten Berghasen? Oder am Ende auch etwas für Fernsehsportler und Familien?

So verschieden Trekking-Touren sind, so können auch ganz unterschiedliche Menschentypen Spaß am Trekking finden. Grundsätzlich kann jeder eine Trekking-Tour in Angriff nehmen, der mehrere Stunden wandern kann und dabei kein Problem hat, wenigstens ein paar Kilogramm Gepäck zu tragen.

Wichtig ist, dass jeder, der eine Trekking-Tour plant, seine **eigene Leistungsfähigkeit und Berg- bzw. Naturkenntnis** möglichst exakt und zuverlässig einschätzt. Das Spektrum der möglichen Trekking-Touren ist so groß, dass sich unter all den Trekking-Touren auf diesem Planeten für jeden Möglichkeiten auftun. Egal ob für 2-3 Tage jeweils nur wenige Stunden am Tag oder für 3 Wochen mit einem täglichen Pensum von 8, 10 oder mehr Stunden. Die Kunst liegt darin, die passende Tour für die eigene Leistungsfähigkeit und das eigene Interesse zu finden.

Dazu sollte jeder versuchen, seine **persönlichen Stärken und Schwächen** herauszufinden:

- Wie viele Stunden kann/will ich pro Tag laufen?
- Wie viele Tage am Stück will ich unterwegs sein?
- Wie viel Gewicht bin ich bereit zu tragen?
- Welche Bequemlichkeit erwarte ich auf der Tour?
- Welche Höhe traue ich mir zu?

Egal wie alt, fit oder erfahren Sie sind, mit der Kenntnis Ihrer Stärken und Schwächen können Sie sich die passende Tour aussuchen. Dazu sollten Sie sich aber vorher noch eine grobe Vorstellung verschaffen, in welche Region Sie reisen wollen.

Arten von Trekking-Touren

Trekking-Touren können auf unterschiedliche Art durchgeführt werden. Dabei liegt der Unterschied im Organisationsgrad der Trekking-Tour:

Zelt-Trekking

Das Zelt-Trekking ist wohl die ursprünglichste Art des Trekkings, sozusagen das Ur-Trekking. Sie tragen alle Ausrüstungsgegenstände selbst, verpflegen sich selbst und sind vollkommen auf sich gestellt. Nur in Ausnahmefällen werden Sie sich lediglich einem Führer anvertrauen, wenn Sie sich die selbstständige Orientierung nicht zutrauen (z.B. fehlendes Kartenmaterial) oder wenn ein Führer vorgeschrieben ist. Sie organisieren alles selbst.

Lodge-Trekking

Eine leichtere Variante des Zelt-Trekkings. Die Übernachtung im Zelt wird ersetzt durch **Übernachtung** in festen Quartieren (Lodges, Cabins). Dadurch fällt die Mitnahme des Zeltes und die Organisation der Übernachtung weg. Zusätzlich wird teilweise auch die **Verpflegung** in den Lodges zur Verfügung gestellt, was die Mitnahme von Kocher und Verpflegung überflüssig macht. Die Gestaltung der Tour und die **Orientierung** auf der Tour bleibt aber auch beim Lodge-Trekking völlig Ihnen überlassen.

Vor- und Nachteile der Trekking-Arten

	Organisations-aufwand vor der Tour	Organisations-aufwand auf der Tour	Individualität
Zelt-Trekking	hoch	hoch	hoch
Lodge-Trekking	hoch	mittel	hoch
Organisiertes Trekking	gering	gering	gering

▶ *Alternativen: Einfache Schutz-hütte (Shelter) auf 4.000 m in den Ruwenzoris oder ....*

▶ *.... gut ausge-stattete Lodge am Annapurna-Trek*

Gruppengröße	Zu tragendes Gewicht	Kosten	Zeitaufwand
gering	hoch	gering	hoch
gering	mittel	gering	hoch
hoch	gering	hoch	gering

Organisiertes Trekking

Sie reisen meist in der Gruppe und haben je nach Tour und Veranstalter nur Ihre persönlichen Sachen dabei und zu tragen. Um Organisation, Schlafgelegenheiten, Verpflegung und Reiseleitung müssen Sie sich nicht kümmern.

Die beiden Faktoren Zeit und Geld sind in der Regel die Hauptargumente pro und contra organisierter Trekking-Touren.

Trekking-Veranstalter

Wer nach einem Reiseveranstalter sucht, mit dem er seine nächste Trekking-Tour unternehmen kann, findet eine durchaus beträchtliche Anzahl und zwar sowohl in Deutschland als auch vor Ort. Viele davon sind sehr **kleine Veranstalter,** die in der Regel auch nur ein sehr kleines und selektives Angebot präsentieren können. Um sie zu finden, sollte man im Internet suchen oder sich auf Informationen aus dem Freundes- und Bekanntenkreis stützen.

Von den **größeren Anbietern,** die wohl auch jedes kompetente Reisebüro nennen wird, sei hier eine Auswahl genannt.

Trekking-Veranstalter

- **Alpinschule Innsbruck (ASI),** *Innsbruck / München: Angebot von Wander- und Trekking-Reisen weltweit, allerdings mit Schwerpunkt Europa. www.asi.at*

- **Baumeler-Reisen,** *Luzern: Trekking-Reisen mit Schwerpunkt Europa, aber auch Asien und Nordafrika.*

- **DAV Summit Club,** *München: Umfangreiches Angebot an Trekking-Reisen und Bergsteiger-Reisen weltweit. Ist, wie der Name schon sagt, mit dem Alpenverein verbunden und bietet auch derartige Reisen an. www.dav-summit-club.de*

- **Foot Prints Reisen,** *Dormagen: Angebote für Europa, südliches Afrika, Nord- und Südamerika, Südsee, Australien / Neuseeland. www.footprintsreisen.de*

- **Hauser exkursionen international,** *München: Wohl der größte deutsche Anbieter von Trekkingreisen auf alle Kontinente. Hat alleine fast 30 verschiedene Nepal-Touren im Angebot. www.Hauser-exkursionen.de*

- **Marco Polo Reisen,** *Kronberg: Reisen weltweit mit vereinzelten Wanderangeboten. www.marco-polo-reisen.com*

- **Meier's Weltreisen,** *Düsseldorf: Trekkingangebote nur für Nepal, Tibet und Uganda. www.meiers-weltreisen.de*

- **Studiosus Reisen,** *München: Wanderreisen in Europa, Asien, Nord- und Südamerika, Australien / Neuseeland, Afrika. www.studiosus.com*

- **Wikinger Reisen,** *Hagen: Umfangreiches Europaangebot, Lateinamerika, Nordamerika, Afrika, Asien, Ozeanien. www.wikinger-reisen.de*

Trekking wohin?

Die Kontinente dieses Planeten bieten eine riesige Auswahl an möglichen Trekking-Touren. Sie können im ewigen Eis trekken, endlose Waldländer durchstreifen, Achttausender umrunden oder sich durch das Gestrüpp der mediterranen Macchia schlagen. Alles völlig verschiedene Ziele mit ganz unterschiedlichen Reizen und Herausforderungen.

Bevor Sie richtig in die Planung und Vorbereitung einsteigen, sollten Sie sich darüber klar werden, was Sie eigentlich wollen. Stellen Sie sich zumindest folgende Fragen:

- **Wie weit?** Überlegen Sie, wieviel Zeit und Geld Sie für die Reise insgesamt aufbringen wollen. Lohnt es sich, für eine 10-Tages-Tour in Neuseeland zweimal um die halbe Welt zu fliegen?
- **Welche Landschaftsform?** Möchten Sie auf Ihrem Trek lieber Eisriesen oder 8000er umrunden, durch Waldländer wandern, an Seen die Natur genießen oder in der Wüste schwitzen?
- **Wie hoch?** Möchten Sie eher hoch hinaus oder lieber in gemäßigten Höhen trekken? Bedenken Sie, dass Höhen über 3.000 m die Gefahr der Höhenkrankheit bergen und Trekken in diesen Höhen deutlich anstrengender ist.
- **Wie luxuriös?** Möchten Sie eine Tour, bei der Sie täglich in festen Quartieren übernachten und dort verpflegt werden oder wollen Sie Zelt, Verpflegung und Kochausrüstung lieber selbst mittragen?
- **Wie einsam?** Möchten sie auf der Tour gern andere Trekker treffen, mit Einheimischen zusammentreffen oder wollen Sie mit sich und Ihrer Gruppe alleine sein?
- **Was noch?** Legen Sie Wert darauf, neue Kulturen kennen zu lernen und andere Aktivitäten mit Ihrer Trekking-Tour zu verbinden?

Aus den mir am wichtigsten erscheinenden Kriterien habe ich ein Schaubild zusammengestellt, mit dem man seine Zielregion leichter bestimmen kann. Die Kriterien sind: Entfernung (Europa oder außereuropäische Länder), Höhe, Grad der touristischen Erschließung und Art der Landschaft.

Mit den Fragen und dem Schaubild kann das mögliche Ziel eingegrenzt werden. Wenn das eine oder andere Gebiet in die engere Wahl kommt, müssen noch folgende Fragen überprüft werden:

- **Zeitpunkt und Dauer der Tour** – lässt sich das Vorhaben im Zielgebiet realisieren?
- **Klima und Wetter** zum Reisezeitpunkt eruieren.
- **Anreisemöglichkeiten** klären.
- **Schwierigkeitsgrad** (z.B. Höhe, Eis, Übernachtungsart, Orientierung, Gesundheitsrisiko, Versorgungslage) feststellen.
- **Art der Trekking-Tour** (Dauer, Kosten, z.B. Gebühren für Permits, Nationalparks, Übernachtungsart, Anmeldefristen) bestimmen.
- **Sicherheitslage** im Zielland feststellen.
- **Kombinationsmöglichkeiten** mit anderen Aktivitäten prüfen.

Wenn das alles geklärt ist, steht meist die endgültige Auswahl der Trekking-Tour an. Am Ende dieses Buches sind einige der bekannteren Treks rund um den Globus kurz beschrieben. Schauen Sie dort nach, um festzustellen, was Ihnen liegen könnte.

Soll es schließlich die kürzere und weniger anspruchsvolle Tour in gemäßigten Höhen oder gleich der Zwei-Wochen-Trek mit Pässen über 5.000 m werden? Der erfahrene Trekker wird keine Schwierigkeit haben, dies zu entscheiden.

 Einsteigern empfehle ich, sich keinesfalls zu überschätzen und lieber eine Stufe niedriger zu beginnen

Die passende Zielregion ermitteln

Entfernt?	Hoch?	Einsam?	Landschaft?	Zielvorschlag
außerhalb Europas	> 3000 m	einsam	Eis und Schnee	Tibet
			Fels	Bolivien, Anden
			Wüste	Chile, Atacama
		touristisch	Eis und Schnee	Nepal, Everest
			Fels	USA, Rockies
			Bergvegetation	Uganda, Ruwenzoris
			Eis und Fels	Neuseeland, Südinsel
			Wald und Wiesen	Kanada
			Wüste	Indien, Rajasthan
	< 3000 m	einsam	Eis und Fels	Chile, Patagonien
			Wald und Wiesen	Kirgisztan, Tien Shan
			Wüste	Mongolei
Europa und angren- zende Regionen			Eis und Fels	Island
			Wald und Wiesen	Lappland
			Wüste	Nordafrika
		touristisch	Eis	Island
			Fels	Korsika
			Wald und Wiesen	Irland
	> 3000 m		Eis	Westalpen
			Schnee	Pyrenäen
			Fels	Dolomiten
		Einsam	Eis und Schnee	Kaukasus
			Fels	Ost-Anatolien
			Wüste	Marokko, Hoher Atlas

Wahl der Tour

Informationsquellen zu Hause

Vielleicht noch während der Suche nach einer Trekking-Tour, aber auf jeden Fall sobald eine bestimmte Tour oder Region feststeht, sollten möglichst breit Informationen eingeholt werden. Zapfen Sie alle Quellen an, die für die Tour existieren:

Information von Freunden

Bekannte und Freunde stellen oftmals die zuverlässigste und umfassendste Quelle dar, vor allem wenn jemand genau Ihre geplante Trekking-Tour bereits hinter sich gebracht hat. Achten Sie aber darauf, dass deren Erfahrungen nicht zu viele Jahre zurückliegen, da die Bedingungen sich seitdem grundlegend geändert haben können. Außerdem sollten Sie vorsichtig sein, um nicht irgendwelchem Seemannsgarn auf den Leim zu gehen. Aber Sie kennen ja Ihre Freunde und wissen deren Wertungen zu interpretieren.

Fernsehsendungen

Berichte in einem der mittlerweile zahllosen Reisemagazine können Ihnen einen bunten, aber meist nicht sehr vertieften Eindruck vermitteln. Diese Sendungen sind in erster Linie geeignet, Impressionen, aber weniger nützliche Informationen zu vermitteln. In den dritten Programmen gibt es Sendungen, die speziell auf Bergsteiger und Wanderer ausgerichtet sind und zum Teil auch wertvolle Informationen zu Trekking-Touren weltweit aufbereiten.

Fachzeitschriften

Verschiedene Fachzeitschriften, wie „Trekkers World", „Outdoor", „draußen", „Berg" oder das

Mitgliederheft des Deutschen Alpenvereins beschreiben häufig recht gut recherchierte Trekking-Touren weltweit. Allerdings enthalten sie auch haufenweise Werbung für Ausrüstung, Bekleidung und Reiseangebote.

Reiseführer

Allgemeine Reiseführer, insbesondere solche für Individualreisende, liefern eine Fülle an Informationen über das Zielland und reisepraktische Fragen. Manchmal geben sie Hinweise auf mögliche Trekking-Touren, doch genügt das nicht, um sie als Trekking-Führer zu verwenden.

Trekking-Führer

In den letzten Jahren wird der Markt zunehmend mit Führern überschwemmt, die sich speziell dem Thema Trekking widmen. Dabei gibt es Bücher, die sich einzelnen Touren widmen, während die meisten die Touren einer gesamten Region beschreiben. In der Regel bieten diese Bücher gute Wegbeschreibungen mit Wegzeiten, Hinweisen auf Übernachtungsplätze und Tipps zur Vorbereitung und für unterwegs.

Buchhandlungen mit einer gut sortierten Reisebuchabteilung helfen qualifiziert bei Auswahl und Bezug der Bücher. In Internet-Bookshops kann man sich von zu Hause aus schnell einen Überblick über das komplette Angebot verschaffen.

Qualität von Trekking-Führern

Qualitativ unterscheiden sich die Trekking-Führer sehr stark. Ich hatte schon Trekking-Führer im Einsatz, bei denen ich im Laufe der Tour zur Überzeugung gelangt bin, dass der Autor den Weg niemals selbst gegangen ist. Fragen Sie am besten Ihren Buchhändler. Dieser erfährt die Rückäußerungen seiner Kunden. Ich persönlich habe gute Erfahrungen mit Trekking-Führern von Peter Rotter (Eigenverlag) und The Mountaineers (US-Verlag) gemacht.

DAV
Von-Kahr-Str. 2-4
80997 München

Tel. (089) 14003-0
Fax (089) 14003-12
www.alpenverein.de

Alpenvereine

Immer ein guter Ansprechpartner ist der Deutsche Alpenverein (DAV). Der ↗DAV gibt selbst Führer heraus, vertreibt Karten und hat in größeren Städten Niederlassungen. In vielen Ländern gibt es auch nationale und regionale Alpenvereine (z.B. den ↗Club Andino in Südamerika), die Ihnen Informationen zur Verfügung stellen.

Club Andino Boliviano
Calle Mexico 1638
Casilla 1346
La Paz, Bolivien

Tel. 00591 (2) 324682
Fax 00591 (2) 329119
(vermittelt auch Kontakte zu anderen Bergsteigerorganisationen Südamerikas)

Internet

Im WorldWideWeb gibt es mittlerweile eine riesige Auswahl an Trekking-Informationen. Am wertvollsten sind dabei Tourenbeschreibungen, die Trekker weltweit ins Netz gestellt haben, oft mit Bildern recht anschaulich garniert und zusätzlich mit weiteren wertvollen Links ausgestattet. Allerdings ist Vorsicht geboten, denn es handelt sich um individuelle Beschreibungen eines Einzelnen, dessen Bewertungen, was z.B. Schwierigkeiten etc. angeht, nicht immer klar nachvollziehbar sind. Einige Beispiel-Links finden Sie im Anhang.

Spezialanbieter

Einige Reiseveranstalter bieten speziell Wander- und Trekkingreisen an. Der DAV-Summit Club oder Hauser haben beispielsweise ein durchaus umfangreiches Programm. Einsteiger finden dort gute Möglichkeiten, sich Informationen über die jeweiligen Touren zu besorgen und sich eventuell sogar gleich anzuschließen.

Verkehrsvereine im Land

Alle Länder haben mehr oder weniger gut organisierte und hilfreiche Verkehrsvereine. Reiseführer enthalten üblicherweise deren Adressen. Schreiben Sie dorthin (Brief, Fax, Mail) und lassen Sie sich gezielt Informationen zuschicken. Sie bekommen meist viel buntes Standard-Material, aber das eine oder andere Nützliche ist in der Regel darunter.

Vertretungen in Deutschland

Die meisten touristisch relevanten Länder unterhalten in Deutschland Fremdenverkehrsämter. Deren Telefonnummern können über die Auskunft erfragt werden. Die Mitarbeiter der Botschaft bzw. von Konsulaten des jeweiligen Landes verweisen in der Regel auf ihr Fremdenverkehrsamt, wenn es um touristische Informationen geht.

Meistens ist die Qualität der kostenlos bereitgestellten Informationsbroschüren nicht ausreichend, um allein damit zurechtzukommen, aber hin und wieder findet man einen nützlichen Hinweis oder einen passenden Literaturtipp.

Reiseplanung

Jetzt geht es darum, die Trekking-Tour möglichst günstig in die gesamte Urlaubsplanung einzupassen. Dafür ist das Verhältnis zwischen der Dauer der Trekking-Tour und der Dauer des Gesamturlaubs wichtig.

 Gestehen Sie sich ausreichend Zeit zur Anpassung vor der Trekking-Tour zu und genehmigen Sie sich noch etwas Entspannung im Anschluss daran.

Die Erfahrung hat gezeigt, dass wenigstens drei bis vier Tage, am besten sogar eine ganze Woche vor der Trekking-Tour im Land notwendig sind, um sich mit den Sitten des Landes vertraut zu machen, sich bzw. den Magen an die Küche des Landes zu gewöhnen und bei Reisezielen über 3.000 m den Körper zu akklimatisieren.

Klären Sie, welcher **Zielort** (z.B. bei Anreise mit Flugzeug) für Ihre Trekking-Tour bzw. für Ihre Unternehmungen vor der Trekking-Tour am günstigsten liegt. Informieren Sie sich in Reiseführern und im Reisebüro über die besten Möglichkeiten zur Anreise.

Was möchten Sie im restlichen Urlaub unternehmen? Es soll ganz harte Typen geben, die nach der ersten abgeschlossenen Trekking-Tour die zweite hintendranhängen. Aber der „Normaltrekker" und, ganz ehrlich, ich zähle mich auch dazu, möchte sich vor der Rückreise etwas erholen.

▶ *Auf einer Nepal-Reise lassen sich Trekking und Kulturerlebnis gut verbinden*

Trekking-Beispiele

Ein paar Paradebeispiele für Trekkingziele, die faszinierende Touren mit der Besichtigung von hochkarätigen Kulturgütern oder dem Aufsuchen genialer Strände verbinden.

- *Peruanische Anden mit 6.000ern und alte Inka-Kulturstätten.*
- *Nepalesische Tempelwelt und Treks zu den 8.000ern des Himalaya.*
- *Besteigung des Kilimandscharo und Safaris in den Nationalparks Tansanias oder Kenias.*
- *Trekking am Kilimandscharo und Baden auf Sansibar.*
- *Trekking in den Ruwenzoris und Gorilla-Safaris in Bwindi oder Mgahinga.*
- *Korsika mit Inseldurchquerung und anschließendem Badeaufenthalt.*
- *Trekking in Bolivien integriert in eine Südamerika-Tour.*
- *Trekking-Tour im Rahmen einer Neuseeland-Rundreise.*

Wahl der Tour

Vorbereitungen

Zeitliche Übersicht

Das Wichtigste für jede Trekking-Tour ist die Vorbereitung. Je besser vorbereitet desto reibungsloser wird die Trekking-Tour verlaufen. Je nachdem, ob noch weitere Informationen eingeholt werden müssen, Sie sich körperlich vorbereiten, Impfungen absolvieren, Kleidung, Schuhwerk und Ausrüstung komplettieren sowie die Teilnehmer der Tour zusammensuchen müssen, können die Vorkehrungen bis zu einem Jahr vor der Trekking-Tour beginnen.

Ein Jahr vor Beginn

- ❏ **Auswahl des Zielgebietes** bzw. der Trekking-Tour
- ❏ Nochmalige Überprüfung der **klimatischen Verhältnisse im Zielland** (Regenzeiten / Trockenzeiten, Sommer / Winter)
- ❏ **Informationen** (Reiseführer, Landkarten) über das Reiseziel besorgen. Fragen Sie im Buchhandel nach bevorstehenden Neuerscheinungen.
- ❏ **Anmeldefristen / Reservierungsfristen** beachten, die in stark frequentierten Gebieten mehr als 1/2 Jahr im Voraus betragen können.
- ❏ Beginnen Sie Ihre Reiseroute zu planen. Daraus können sich noch weitere Notwendigkeiten (Buchungen, weitere Informationen) ergeben.
- ❏ Notwendige **Impfungen / Auffrischungen** überprüfen. Manche Impfungen werden als Mehrfachimmunisierung verabreicht und müssen lange vorher begonnen werden.
- ❏ Versuchen Sie sich bezüglich Ihrer **Reisepartner** schon etwas zu orientieren. Je früher die Gruppe feststeht, umso besser.

Sechs Monate vor Beginn

❏ **Planung der Anreise.** Buchen bzw. reservieren Sie bereits Ihren Flug. Bei gängigen Zielen (z.B. Nepal) sollten Sie dies sogar noch früher tun, da die Flüge sehr zeitig ausgebucht sind.
❏ Gegebenenfalls **weitere Buchungen tätigen** (Hotels, Mietauto, Rundreise, Tour über Veranstalter).
❏ **Gültigkeit der Reisepapiere** (Pass etc.) prüfen.
❏ **Visum** oder andere Reisegenehmigungen beantragen, wenn benötigt.
❏ Kontaktieren von Informationsadressen, wie **Fremdenverkehrsämter und Agenturen vor Ort.** Informationsmaterial zuschicken lassen. Auch im Zeitalter des Internet geht vieles noch per Post und braucht seine Zeit.

Vier Monate vor Beginn

❏ Spätester Beginn der **körperlichen Vorbereitung.** Das Trainingsprogramm sollte auf mindestens 3–4 Monate ausgelegt sein.

Drei Monate vor Beginn

❏ **Überprüfung der Ausrüstung, Kleidung und Schuhe** auf Vollständigkeit, Tauglichkeit und Funktionstüchtigkeit.
❏ **Neue Stiefel einlaufen.**
❏ **Fertigen Sie eine Checkliste** mit den Dingen an, die Sie mitnehmen bzw. noch benötigen.
❏ Lassen Sie sich **im Fachhandel beraten,** vergleichen und testen Sie falls möglich. Kalkulieren Sie Zeit für Bestellungen ein und bedenken Sie, dass Sie Neuanschaffungen noch zu Hause ausprobieren sollten.

Vorbereitungen

Zwei Monate vor Beginn

- ❏ **Test-Touren** ansetzen, um die gesammelten Erfahrungen noch umsetzen zu können.
- ❏ **Letzte Ausrüstungsgegenstände** besorgen.
- ❏ **Überprüfen der Foto- / Filmausrüstung.**
- ❏ Routine-Check beim **Zahnarzt.**
- ❏ **Den Hausarzt aufsuchen** (ggf. Fachärzte) und sich medizinisch für die Reise beraten lassen.
- ❏ Den Bestand der **Reiseapotheke überprüfen** und die fehlenden Medikamente besorgen.
- ❏ **Kreditkarten** besorgen bzw. deren Gültigkeit überprüfen. Zwei Kreditkarten sind ratsam. Achten Sie auf Ihr Kreditkartenlimit.

Ein Monat vor Beginn

- ❏ **Verpflegung** besorgen.
- ❏ **Reiseversicherungen** (Krankheit, Gepäck etc.) überprüfen.
- ❏ **Reisezahlungsmittel** besorgen (Bargeld wechseln, Reiseschecks, Kreditkarte).
- ❏ **Kopien von Dokumenten** (Pass, Ticket, Permit etc.) anfertigen.
- ❏ **Letzte persönliche Vorbereitungen** treffen.
- ❏ **Internationalen Führerschein**, falls nötig, besorgen.

Eine Woche vor Reisebeginn

- ❏ **Filme** einkaufen.
- ❏ **Malariaprophylaxe** beginnen.
- ❏ **Vertrauenspersonen informieren.** Wo und wie sind Sie erreichbar? Wann melden Sie sich in der Heimat?

Das Training

Welche Trekking-Tour Sie auch immer ausgewählt haben, unterschätzen Sie die körperliche Anstrengung nicht, die auf Sie zukommen wird. Mit 15 oder 20 Kilo auf dem Rücken durch unwegiges Gelände in extremen Höhenlagen bei ungewohnten klimatischen Verhältnissen und einer Belastung über mehrere Tage wird dem Körper sehr viel abverlangt.

 Eine gute Kondition ist die absolute Grundvoraussetzung zum Trekking.

Wer regelmäßig Sport treibt, wird dabei weniger Vorbereitung benötigen, als der praktizierende Fernsehsportler. Zwei Arten von Trainingsvorbereitung halte ich für empfehlenswert: zum einen Ausdauertraining, zum anderen gezielte Kraft- und Dehnübungen.

Ausdauertraining

Körperliche Ausdauer kann mit einer Vielzahl von Sportarten erreicht werden. Wer regelmäßig Sport treibt, dem brauche ich nicht viel zu erzählen. Am einfachsten ist es zu schwimmen, zu joggen oder Rad zu fahren. Meiner persönlichen Erfahrung nach ist **Schwimmen** für die konditionelle Vorbereitung besonders gut geeignet. Nahezu optimal als Trainingssport ist der **Skilanglauf.**

Beherzigen Sie bei Ihrem persönlichen Trainingsprogramm folgende Hinweise:

- Beginnen Sie rechtzeitig mit Ihrem Training (3–4 Monate vorher). Nur in den letzten zwei Wochen zu trainieren bringt keinen Effekt.
- Legen Sie feste Termine für Ihr Training fest (z.B. Mittwoch Abend Schwimmen, Samstag Nachmittag Rad fahren).

Vorbereitungen

- Steigen Sie nicht zu heftig ein. Fangen Sie langsam an und steigern Sie die Intensität im Laufe der Wochen.
- Erwarten Sie keine kurzfristigen Wunder. Ausdauertraining ist Langzeittraining und es wird ein paar Wochen dauern, bis Sie einen spürbaren Erfolg merken.
- Verlangen Sie von Ihrem Körper Ausdauerleistungen und keine Spitzenleistungen. Wenn Sie ganz sicher gehen wollen, benutzen Sie einen Pulsfrequenzmesser, der Ihnen meldet, wenn Sie zu schnell (= zu hoher Puls) sind.
- Wählen Sie die Sportart oder Sportarten aus, die Ihnen Spaß machen. Wenn Sie sich zu einem ungeliebten Sport zwingen, endet das meist in der Aufgabe.
- Bereiten Sie sich parallel auf Ihr Reiseland vor (Reiseführer lesen, Sprache erlernen). Die Vorfreude auf die Tour erhöht die Motivation zum Training.
- Wenn Sie ein Wettkampftyp sind, können Sie sich auch sportliche Ziele setzen (z.B. Distanzen im Laufe der Zeit steigern), aber überfordern Sie sich nicht dabei.

Training mit Partnern

Trainieren Sie zusammen mit Freunden, am besten sogar mit denen, die mit auf Tour gehen. Das erhöht die Motivation und verpflichtet Sie gegenseitig.

Trekkingspezifische Übungen

Die offensichtliche Hauptbelastung beim Trekking liegt auf der Beinmuskulatur, einschließlich Gesäß– und Rückenpartien. Stark beansprucht werden auch der Schulterbereich durch das Rucksacktragen sowie die Arme beim Gehen mit Wanderstöcken. Daraus ergibt sich eine ganze Palette von Möglichkeiten, sich auf die Trekking-Tour sportlich vorzubereiten.

Training der Beinmuskulatur

Mit den bereits genannten Ausdauersportarten Joggen, Radfahren und Skilanglauf wird bereits ein ausreichendes Training der Beinmuskulatur erreicht.

Beim **Schwimmen** empfehle ich zu Trainingszwecken ein Schwimmbrett zu benutzen und nur mit Beinschlag zu schwimmen.

Gezielt können Bein- und Gesäßmuskulatur auch mit **Treppensteigen** (auf und ab) und mit so genannten **Stepp-Übungen** gestärkt werden.

Training der Schultermuskulatur

Auch wenn Sie ein perfekt sitzendes, nobles Rucksackgerät auf Ihrem Rücken tragen, werden Ihre Schultern am Abend nach dem Absetzen des Rucksacks aufatmen. Grund genug, auch diese Körperpartien auf die Trekking-Tour vorzubereiten. Durch **gymnastische Übungen** wie Armkreisen oder das Nach-hinten-Stoßen der waagerecht gehaltenen, abgewinkelten Arme, kann die Kräftigung und Dehnung der Schulterpartien erreicht werden.

Stepp-Übungen

- *Nehmen Sie einen Hocker, einen Schemel oder eine Stufe mit etwa 20 cm Höhe.*
- *Steigen Sie mit einem Bein darauf (Fuß flach aufsetzen) und heben sie das andere Bein nach (nicht abstoßen).*
- *Jetzt setzen Sie das erste Bein wieder zurück und ziehen das zweite Bein nach.*
- *Wiederholen Sie diese Übung ca. 20-25 Mal pro Minute und zwar für drei Minuten.*
- *Machen Sie 30 Sekunden Pause und wiederholen Sie die Drei-Minuten-Übung.*
- *Hören Sie dazu eine rhythmische, mitreißende Musik. Schon macht es Spaß.*

Training der Arm-Muskulatur

Für Arme und auch Schultern ist der **Skilanglauf** eine ideale Trainingsmöglichkeit, vor allem, wenn man Wanderstöcke benutzen will. Der Bewegungsablauf ist nahezu identisch.

Auch **Schwimmen** ist für das Training von Armen und Schultern besonders günstig. Wer dabei verstärkt auf das Oberkörpertraining abzielt, sollte den

Beinschlag unterlassen. Um sich dazu zu zwingen, kann man sich ein kleines Schwimmbrett zwischen die Oberschenkel klemmen.

Wem das alles zu viel Aufwand ist, kann auf das einfache und altbewährte Mittel der **Liegestütze** zurückgreifen. Dies bietet vor allem den Vorteil, dass man die Steigerung an der Zahl der geschafften Liegestütze messen kann. Nur bitte nicht vom Schreibtisch oder aus dem Bett direkt in den Liegestütz einschwenken. Binden Sie das Ganze in ein gymnastisches Programm mit verschiedenen Dehnübungen, wie Armkreisen, Rumpfbeugen oder Hüftdrehen ein, damit Ihre Muskulatur warm und gedehnt ist, bevor Sie von ihr Höchstleistungen erwarten.

Alternative Fitness-Studio

Wer sich nicht zutraut, ein Trainingsprogramm selbst aufzustellen, kann sich in einem Fitness-Studio ein maßgeschneidertes Programm zusammen stellen lassen und unter fachkundiger Aufsicht trainieren.

Das Praxis-Training

So wichtig Ausdauertraining und trekkingspezifische Übungen auch sein mögen, nichts kann das Training in natura ersetzen – die Wandertour in voller Ausrüstung mit Rucksack und komplettem Equipment (Kampfgewicht). Sie sollten dies mehrmals in Ihrer Vorbereitungsphase durchführen, denn dabei können sowohl die körperliche Fitness als auch andere Fähigkeiten (z.B. Kompassarbeit) erprobt werden. Gleichzeitig wird die Ausrüstung einem eingehenden Check unterzogen.

- Überprüfen Sie Ihre Fähigkeiten in Orientierung und Navigation.
- Testen Sie Ihre gesamte Ausrüstung auf Funktionalität, Stabilität und notwendige Ergänzungen.
- Testen Sie das Wandern mit verschiedenen Rucksackgewichten (10, 15, 20 kg).

- Wählen Sie unterschiedliche Streckenprofile und verschiedene Streckenlängen.
- Gehen Sie auch auf Tour, wenn das Wetter nicht so günstig ist. Sie werden sich auf Ihrer Trekking-Tour das Wetter nicht aussuchen können.
- Unternehmen Sie Ihre Vorbereitungstouren zusammen mit den Freunden, mit denen Sie die Trekking-Tour planen.
- Lassen Sie die Erfahrungen aus Ihrem Praxis-Training in Ihr sonstiges Training und die Vorbereitungen mit einfließen.

Mehrtageswanderung

Ich habe festgestellt, dass neben eintägigen Wandertouren vor der Haustür vor allem zwei- bis dreitägige Hüttentouren, z.B. in den Alpen, einen guten Aufschluss über den eigenen Fitnessstand und die Ausrüstung geben.

Vorbereitungen

Gesundheitsfragen

Gesundheitscheck

Auf einer Trekking-Tour ist es normal, zeitweise mehrere Tagesmärsche von der nächsten Siedlung entfernt zu sein, möglicherweise noch weiter vom nächsten Arzt oder Krankenhaus. Jede Möglichkeit einer ernsthaften Erkrankung sollte deshalb vorbeugend so weit wie möglich ausgeschlossen werden.

- Sollten Sie irgendwelche **körperlichen Probleme** verspüren, z.B. im Zusammenhang mit Ihren Trainingsvorbereitungen, suchen Sie noch einmal einen Arzt auf.
- Gehen Sie noch einmal zum **Zahnarzt** und lassen einen Routine-Check durchführen.
- Sollten Sie regelmäßig **Medikamente** einnehmen, besorgen Sie ausreichend davon für die geplante Reisezeit.
- **Bei chronischen Krankheiten** sollten Sie Ihren

Arzt befragen, inwieweit die geplante Reise zu Komplikationen führen kann und welche Medikamente Sie mitnehmen können.

Welche Impfungen?
Impfungen sind für Reisen außerhalb Europas vielfach unumgänglich. Darüber können Sie sich bei Ihrem Arzt, bei einem tropenmedizinischen Institut oder beim Gesundheitsamt informieren. Im Internet gibt es Impfempfehlungen beispielsweise unter www.who.int, der Seite der Weltgesundheitsorganisation, oder bei www.tripprep.com, wo Sie zudem ausführliche Gesundheitsinformationen abrufen können.

- Manche **Impfungen** ziehen sich über eine beträchtliche Zeitspanne. Früh beginnen!
- **Standardimpfschutz**, z.B. gegen Tetanus und Polio überprüfen und gegebenenfalls auffrischen lassen.
- Gilt Ihre **Krankenversicherung** im Ausland und unter welchen Bedingungen? Schließen Sie gegebenenfalls eine temporäre Versicherung ab (Reisebüro oder Versicherungsmakler).

Reise-Apotheke

Wie die medizinische Vorbereitung muss auch die Reiseapotheke auf die individuellen Bedürfnisse abgestimmt sein. Alle Medikamente, die Sie zu Hause regelmäßig einnehmen bzw. standby benötigen, gehören natürlich auch in die Reiseapotheke. Darüber hinaus sollte die Reiseapotheke so bestückt sein, dass gegen die üblichen Reisekrankheiten Medikamente dabei sind. In Menge und Auswahl muss dies natürlich einem Trekking-Rucksack angepasst sein (siehe Checkliste am Ende des Kapitels).

Ein „Erste-Hilfe-Set" sollte immer griffbereit sein. Verpacken Sie alles in eine kleine Packtasche, nach Möglichkeit wasserdicht, in Leuchtfarben und auffällig als Erste-Hilfe-Set gekennzeichnet. So kann es im Notfall auch ein Fremder finden. Unnütze Verpackungen können übrigens daheim bleiben, aber die Beipackzettel gehören in das Set.

Die Kleidung

Die Zeiten der karierten Baumwoll-Hemden mit Norweger-Pullover und Anorak als Bergausrüstung sind längst vorbei. Die neuen Zauberwörter heißen Goretex, Sympatex, Fleece, Microfaser, aber auch noch Daune.

Das Geheimnis praktischer Outdoor-Bekleidung liegt darin, nicht ein Kleidungsstück zu haben, das alle notwendigen Funktionen in einem übernimmt, sondern **mehrere Schichten** zu tragen, die unterschiedliche Funktionen erfüllen. Dieser Schichtaufbau bietet den großen Vorteil, dass zwischen den einzelnen Lagen vom Körper erwärmte isolierende Luft verbleibt. Außerdem sind mehrere Schichten flexibler. Sie können je nach äußeren Bedingungen die Bekleidung variieren.

Erste Schicht: das Körperklima

Das Körperklima entscheidet sich direkt auf der Haut. Wichtig ist dabei, dass der Körper trocken und warm bleibt. Durch die Verdunstung von Feuchtigkeit direkt auf der Haut würde Verdunstungskälte entstehen. Deshalb darf die Unterwäsche keine Feuchtigkeit aufnehmen. Die Lösung dafür heißt **Funktionsunterwäsche.** Sie besteht zu 100 % aus Kunstfaser, kann nur in geringem Maß Feuchtigkeit aufnehmen und leitet die Körperfeuchtigkeit nach außen weiter. So bleibt die Haut trocken und Sie fühlen sich angenehm warm.

Zweite Schicht: leichte Isolationsschicht

Diese Schicht sollte etwas lockerer sitzen und Schutz für Unterarme und Hals bieten. Ein Hemd oder Rolli erfüllt diese Anforderungen. Auch hier steht der Feuchtigkeitstransport nach außen im Vordergrund. Deshalb sind Kunstmaterialien zu bevorzugen. Selbst bei den Trekking-Hosen gibt es mittlerweile Modelle aus Kunstmaterialien, die allen Anforderungen gerecht werden.

Dritte Schicht: Wärmeisolation

Kleidung an sich wärmt nicht, sondern verhindert nur, dass die Körperwärme nach außen entweicht. Die Hauptrolle dabei übernimmt die dritte Schicht. Diese kann aus einem Pullover, aus einer Daunenjacke, am besten aber aus einer Fleecejacke bestehen. Dabei würde ich grundsätzlich einer Jacke den Vorzug vor einem Pullover geben, weil eine Jacke flexibler einzusetzen ist.

Die passende Hose

Die Hose sollte so weit geschnitten sein, dass Sie auch einmal einen großen Schritt wagen können. Sie sollte aus möglichst reißfestem und strapazierfähigem Material genäht und am Gesäß und an den Knien verstärkt sein.

Hosentaschen in allen Ehren. Zwei normale Hosentaschen sind in Ordnung. Eine oder zwei weitere Taschen an den Beinen, groß genug für die Wanderkarte, reichen aus. Alles andere behindert nur, baumelt permanent an den Beinen und ist beim Laufen damit alles andere als praktisch.

Vierte Schicht: die Wetterschicht

Die oberste Schicht ist dafür verantwortlich, Wind und Regen abzuhalten, muss gleichzeitig aber auch die Körperfeuchtigkeit nach außen transportieren. Goretex oder Sympatex heißen die Errungenschaften der Technologie, die uns genau diese Ansprüche erfüllen.

Als **Überhose** bevorzuge ich eine einfache Kunstfaser-Überhose aus atmungsaktivem Material. Sie muss leicht und klein zusammenlegbar sein und durchgehende Reißverschlüsse an der Seite haben, damit man sie einfach über die Stiefel ziehen kann.

Die **Jacke** muss sehr strapazierfähig sein, um Dornen und Stacheln ab- bzw. auszuhalten, und außerdem an den Schultern verstärkt sein, damit der Rucksackriemen sich nicht durch das Material wetzt. Gegen Sturm und Regen sollte die Trekking-Jacke mit einer **Kapuze** ausgestattet sein, die sich vorne so weit zusammenziehen lässt, dass im Extremfall nur die Nasenspitze herausschaut.

Weitere Bekleidung

Kopfbedeckung

Die Kopfbedeckung muss (wie alles andere auch) den klimatischen Bedingungen des Reiseziels angepasst sein. Bei starker Sonneneinstrahlung sollte einem **Hut** der Vorzug geben werden. Aber achten Sie darauf, dass dieser in irgendeiner Art festzumachen ist, z.B. mit einem Halsriemen.

Taschen an der Jacke
Verschiedene Außentaschen an der Jacke bieten Stauraum für die Kleinigkeiten des Trekkingalltags, vom Müsliriegel über die Handschuhe bis zum Kompass. Achten Sie beim Kauf darauf, dass die Taschen verschließbar sind, sich die Reißverschlüsse nicht von selbst öffnen können und die Taschen beim Tragen des Rucksacks (vor allem im Bereich des Hüftgurts) nicht im Wege sind.

Vorbereitungen

▼ *Jackendetails*

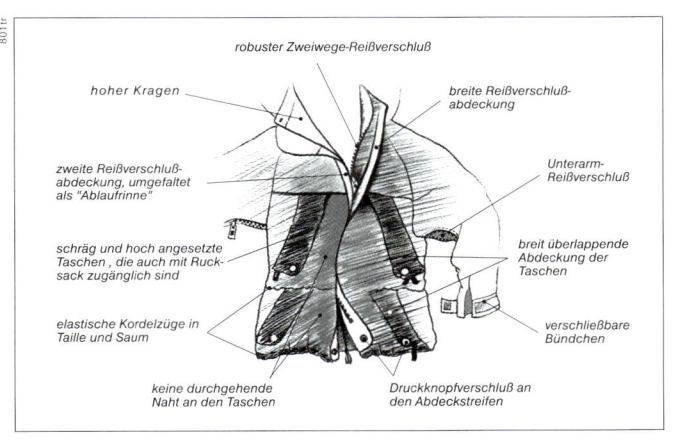

801tr

robuster Zweiwege-Reißverschluß

hoher Kragen

breite Reißverschluß-
abdeckung

zweite Reißverschluß-
abdeckung, umgefaltet
als "Ablaufrinne"

Unterarm-
Reißverschluß

schräg und hoch angesetzte
Taschen , die auch mit Rucksack zugänglich sind

breit überlappende
Abdeckung der
Taschen

elastische Kordelzüge in
Taille und Saum

verschließbare
Bündchen

keine durchgehende
Naht an den Taschen

Druckknopfverschluß an
den Abdeckstreifen

Beim Trekking in den Bergen benötigt man in der Regel Kälteschutz. Bei extremen Temperaturen empfehle ich eine **Sturmhaube,** die auch dem Hals noch Schutz bietet. Ansonsten genügt eine **Fleecemütze,** eventuell mit Ohrenklappen oder sogar ein breites Stirnband, das auch die Ohren warm hält.

Handschuhe

Handschuhe gibt es in verschiedenen Ausführungen vom einfachen **Fleecehandschuh** bis zum so genannten **Systemhandschuh** mit herausnehmbarem Innenfutter. Alles zu seinem Zweck. Ein Handschuh aus winddichtem Fleecematerial (Windstopper) sollte es mindestens sein. Ob Fäustling oder Fingerhandschuh ist dabei Ansichtssache, aber bei gut isolierendem Material sehe ich eigentlich keinen Grund, der gegen Fingerhandschuhe spricht.

Socken

Mehr als die Hälfte aller Fußbeschwerden, die bei Trekking-Touren auftreten, liegen nicht an den Schuhen, sondern an den Socken.

Benutzen Sie gute Trekkingsocken, ohne Naht, glatt gewebt, mit Polsterungen an den entscheidenden Stellen. Nehmen Sie mindestens ein Ersatzpaar mit, damit Sie regelmäßig wechseln können.

Das Schuhwerk

Schuh-Typen

Das Schuhwerk zum Trekking heißt Stiefel. Es gibt riesige Unterschiede zwischen den verschiedenen Stiefeln, die vor allem aus dem Verwendungszweck, also der Art der Trekking-Tour resultieren. Die Zeiten der ausschließlich zwiegenähten, klobigen, traditionellen Bergstiefel sind längst vorbei. Heute geht das Angebot vom halbhohen Leicht-Trekkingschuh, dessen Verwandtschaft zum Sportschuh

Die fünf Socken-Todsünden

- *Erster Fehler: Mehrere Socken übereinander tragen. Diese verrutschen, bilden Falten und quälen den Fuß bei jedem Schritt.*
- *Zweiter Fehler: Zu dünne Socken. Die Stiefel sitzen zu knapp, also müssen dünne Socken her. Doch jeder Stiefel hat innen Nähte, Wülste etc. – das gibt unvermeidlich Druckstellen.*
- *Dritter Fehler: Stricksocken. Am besten mit Zopfmuster in der Luis-Trenker-Variante. Welcher Fuß soll das aushalten, wenn sich stundenlang Muster einer relativ harten Wollsocke in die Haut pressen?*
- *Vierter Fehler: Socken mit Nähten. Wenn etwas drückt oder reibt, dann sind es diese Nähte.*
- *Fünfter Fehler: Schmutzige und vollgeschwitzte Socken. Wenn die Socken eine Zeit lang getragen sind, lassen Sie in Ihrer Aufnahmekapazität für Feuchtigkeit nach und werden atmungsinaktiv. Jetzt bleibt die Feuchtigkeit am Fuß, dieser „steht im eigenen Saft", die Haut weicht auf und alles andere ist umsonst. Das kann nur Blasen geben.*

Vorbereitungen

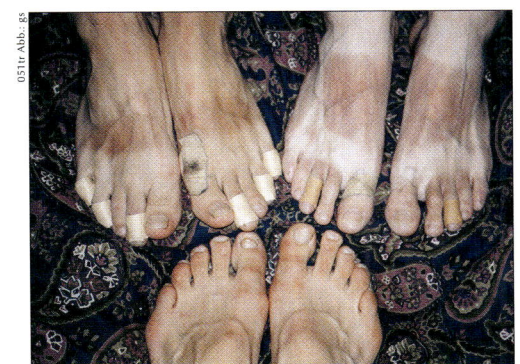

051r Abb. gs

◀ *Nägel geschnitten, empfindliche Stellen getaped – so kann es losgehen.*

Stiefeltyp	Gewicht	Halt für Fuß
Leicht-Trekking-Stiefel	Sehr leicht	Ausreichend
Trekking-Stiefel	Leicht	Gut
Wanderstiefel	Mittel	Sehr gut
Bergstiefel	Schwer	Sehr gut
Trekking-Sandalen	Sehr leicht	Ausreichend
Gummistiefel	Schwer	Mangelhaft

Kauftipps Schuhe

Einen passenden neuen Stiefel zu finden ist leider nicht ganz so einfach. Hier einige Tipps, worauf Sie beim Kauf achten sollten. Der oberste Grundsatz lautet: „Lassen Sie sich Zeit!". Die Stunde, die Sie beim Schuhkauf mehr investieren, werden Ihnen ihre Füße beim Trekken danken.

☑ Lassen Sie sich im Fachgeschäft ausführlich beraten. Schildern Sie genau den Einsatzbereich, aber passen Sie auf, dass Sie nicht „overequipped" werden. Der Fachhandel verkauft gern Modelle für den höheren Einsatzbereich zum logischerweise höheren Preis.

☑ Achten Sie auf die Tageszeit beim Anprobieren. Ihr Fuß ist nachmittags dicker als morgens.

☑ Nehmen Sie zum Probieren Ihre eigenen Trekking-socken mit. Sollten Sie noch keine Socken haben, kaufen Sie die Socken vor den Stiefeln.

☑ Probieren Sie die Stiefel nicht nur für fünf Minuten an. Laufen Sie mit den Stiefeln herum. Wenn Sie

Bodenhalt	Material	Einsatzbereich
Gut	Synthetik	Wanderungen im leichten Gelände
Gut	Synthetik / Goretex	Leicht alpines Gelände
Sehr gut	Goretex / Leder	Alpines Gelände (Fels, Schneefeder)
Sehr gut	Leder / Plastikschale	Hochalpines Gelände (Gletscher)
Gut	Synthetik	Lagerbereich, Ausflüge
Ausreichend	Gummi	Moore, Sümpfe

nach einer halben Stunde noch keine Druckstellen spüren, ist das nicht schlecht, doch leider keine Garantie.

☑ Lassen Sie sich nicht einreden, dass sich irgendwelche Beschwerden wieder geben („Das läuft sich noch ein"). Das Gegenteil wird der Fall sein.

☑ Achten Sie darauf, dass der Schuh an der Ferse gut sitzt, sonst rutschen Sie beim Gehen immer auf und ab und reiben sich Blasen.

☑ Die Zehen müssen genügend Spiel haben. Stellen Sie sich beim Probieren auf die Zehenspitzen oder auf eine schräge Ebene. Sie dürfen dabei nicht vorne anstoßen, sonst wird der erste längere Abstieg zur Qual.

☑ Schnüren Sie die Stiefel unterschiedlich. Beim Abstieg schnürt man in der Regel fester, um ein Nach-vorne-Rutschen zu verhindern, beim Aufstieg lockerer, um mehr Beweglichkeit im Stiefel zu ermöglichen.

unübersehbar ist, bis hin zum Schalenstiefel mit separatem Innenschuh, der vom Skistiefel nicht mehr weit entfernt ist. Je nach Trekking-Tour sollte der passende Stiefel gemäß der Tabelle auf Seite 42 gewählt werden.

Die Schuhpflege

Bei vielen der heutigen Stiefel aus Cordura oder atmungsaktivem Leder ist Einfetten die größte Todsünde. Lassen Sie sich beim Schuhkauf gleich das **passende Pflegematerial** mit verkaufen.

Bei reinen **Lederstiefeln** ist Schuhfett immer noch das Allheilmittel. Nehmen Sie ein kleines Döschen mit auf die Tour, um das Material und vor allem die Nähte gegebenenfalls nachzufetten.

Bei **Cordurastiefeln** können Sie ein kleines Döschen des passenden Imprägniermittels auf die Tour mitnehmen.

Schuhe trocknen

- *Stiefel ganz öffnen, eventuell Schnürsenkel herausziehen, Einlage herausnehmen.*
- *Stiefel sehr vorsichtig am Feuer trocknen. Zu nah am Feuer zieht sich Leder zusammen und Kunstmaterialien können Feuer fangen bzw. schmelzen.*
- *Wenn die Stiefel nur leicht feucht sind genügt es, sie einfach offen ventilieren zu lassen, eventuell noch in die Sonne stellen.*
- *Wenn die Stiefel richtig nass sind, es regnet und die Luft feucht ist, kann Zeitungspapier viel helfen.*
- *Manche Trekker stecken in Extremsituationen (Winter-Trekking) ihre Stiefel nachts mit in den Schlafsack, um am Morgen nicht in die kalten, feuchten Stiefel schlüpfen zu müssen. Ich selbst kann mich mit dieser Technik nicht anfreunden.*

Unterwegs müssen die Stiefel nach jedem Trekking-Tag einer kurzen **täglichen Pflege** unterzogen werden. Die Stiefel sind natürlich trocknen zu lassen und zu reinigen, falls sie stark verschmutzt sind, um die Atmungsfähigkeit zu erhalten.

Denken Sie vor allem daran, Ihre Stiefel **vor dem Einmotten** ordentlich zu pflegen, sie möglichst mit einem Schuhspanner leicht unter Druck zu setzen und die Schnürsenkel zu kontrollieren. Beim nächsten Einsatz werden Sie das zu schätzen wissen.

Die Ausrüstung

Wenn Sie überall die edelsten Teile erwerben, kann die Trekking-Ausrüstung schnell den Wert eines Kleinwagen bekommen. Es muss aber nicht immer das Allerbeste sein. Man benötigt kein polartaugliches Zelt, wenn man durch Korsika wandert.

Das vorliegende Buch kann keine Ausrüstungs-Fibel sein. Die wichtigsten Ausrüstungsgegenstände werden kurz beschrieben und dazu einige wichtige Empfehlungen formuliert. Wer tiefer einsteigen will, dem empfehle ich nebenstehende Literatur.

Literaturtipp
Rainer Höh, „Wildnis-Ausrüstung", Reihe Praxis, Reise Know-How. ISBN 3-89416-750-5

Der Rucksack

Schuhe, Kleidung etc. tragen Sie auch zu Hause täglich, aber wer hat schon sechs, acht oder zehn Stunden am Tag einen Rucksack am Buckel. Also widmen Sie dem Rucksack besondere Aufmerksamkeit.

Rucksacktyp

Für das normale Trekking ist ein Innengestell-Rucksack geeignet, ob mit oder ohne Außentaschen hängt vom Einsatzbereich ab. Je größer die nötige Bewegungsfreiheit ist (z.B. bei Klettersteigen etc.), desto schlanker sollte der Rucksack sein.

Kauftipps Rucksack

- ☑ *Der Rucksack sollte in der Länge unterteilt sein. Dabei ist es optimal, wenn das Trennfach herausnehmbar ist, so dass sich auch größere Teile im Rucksack transportieren lassen.*
- ☑ *Der Rucksack muss ein Deckelfach haben, das nach Möglichkeit auch höhenverstellbar ist, so dass je nach Packmenge variiert werden kann. Darunter muss am Rucksack eine verlängerbare Manschette angebracht sein, die mit einem Schnurzug verschließbar ist. Das Deckelfach sollte möglichst vom Rücken her zugänglich sein.*
- ☑ *Außen am Rucksack angebrachte Schlaufen sollten es ermöglichen, etwas daran zu befestigen.*
- ☑ *Stecktaschen an der Seite unten sind geeignet, um Skier, aber auch Trekkingstöcke oder Zeltgestänge an der Seite des Rucksacks anzubringen, so dass sie nicht nach unten herausrutschen können.*
- ☑ *Das gesamte Rückenteil muss gut gepolstert und saugfähig sein.*
- ☑ *Das Volumen des Rucksacks muss mit Kompressionsriemen veränderbar sein. Dies ist vor allem wichtig, wenn der Rucksack nicht ganz voll gepackt ist.*

Rucksackgröße

Das Standardmaß für einen Trekking-Rucksack liegt bei etwa 60 Liter Fassungsvermögen. Für eine Tour ohne Zelt und Kochutensilien können auch 40 bis 50 Liter genügen. Für Tagestouren reicht eine Größe von 20 bis 30 Litern. Wer eine längere Tour mit Zelt, Proviant und allen notwendigen Utensilien unternimmt, wird bei 60 Litern kleinere Stauprobleme bekommen. 70 Liter sind hier sicherlich besser. Aber kaufen Sie Ihren Rucksack nicht zu groß. Ein

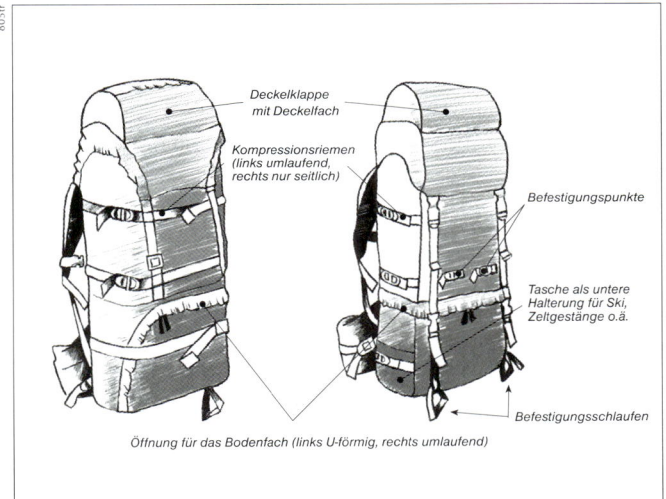

Deckelklappe
mit Deckelfach

Kompressionsriemen
(links umlaufend,
rechts nur seitlich)

Befestigungspunkte

Tasche als untere
Halterung für Ski,
Zeltgestänge o.ä.

Befestigungsschlaufen

Öffnung für das Bodenfach (links U-förmig, rechts umlaufend)

kleiner Rucksack zwingt Sie, bei der Auswahl Ihrer Ausrüstung sparsamer vorzugehen.

Passform

Der perfekte Sitz ist bei einem Rucksack entscheidend. Das Gewicht sollte sich zu einem Drittel auf die Schultern und zu zwei Drittel auf die Hüfte verteilen. Voraussetzung dafür ist, dass die **Rückenlänge** des Rucksacks passt. Durch einfaches Verstellen der Trageriemen muss das ganze Gewicht entweder auf den Schultern oder auf der Hüfte getragen werden können.

Fester Sitz

Achten Sie darauf, dass der Rucksack fest sitzt und nicht wackelt, sonst fehlt die Stabilität beim Gehen. Lassen Sie den Rucksack im Fachgeschäft mit 10-15 kg füllen und testen Sie ihn mit diesem Gewicht. Wenn jetzt auch noch genügend Freiheit für die Arme vorhanden ist (versuchen Sie beim Testen aus dem Stand etwas aus dem Regal hinter Ihnen zu nehmen), passt der Rucksack.

Der Schlafsack

Eine angenehme Nachtruhe ist die halbe Miete für einen schönen darauf folgenden Tag. Und was kann einem die Nacht mehr vermiesen als Kälte.

Über Schlafsäcke ließe sich ein ganzes Buch verfassen. Füllung, Obermaterial, Näharten ... Am Ende laufen alle Überlegungen auf eine Schlüsselfrage hinaus: Welcher Schlafsack bietet für die Temperaturen auf der Tour den ausreichenden Kälteschutz und ist trotzdem nicht zu schwer?

Schlafsack-Füllung

Daune oder Kunstfaser? Jedes hat seine Vor- und Nachteile. **Daune** ist langlebiger (bei entsprechender Pflege), bauschfähiger und damit kleiner komprimierbar, allerdings deutlich empfindlicher (vor allem bei Nässe) als Kunstfaserfüllungen.

Entscheidend für die Leistungsfähigkeit eines Daunenschlafsacks ist das **Mischungsverhältnis** zwischen Daunen und Federn. Leistungsfähige und entsprechend teure Modelle haben ein Mischungsverhältnis von 80:20 oder sogar 90:10. Aber Daune nimmt schnell Feuchtigkeit auf und verliert dabei ihre Isolationskraft. Da der Mensch während des Schlafs bis zu zwei Liter Flüssigkeit transpiriert, gehört die Trocknung eines Daunenschlafsacks zur täglichen Routine.

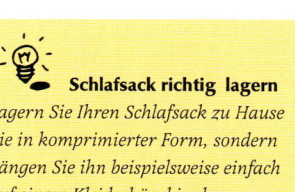

Schlafsack richtig lagern

Lagern Sie Ihren Schlafsack zu Hause nie in komprimierter Form, sondern hängen Sie ihn beispielsweise einfach auf einem Kleiderbügel in den Schrank.

Kunstfaserschlafsäcke sind dem gegenüber relativ unempfindlich. Sie wärmen auch noch im feuchten Zustand und benötigen keine so ausgefeilte Pflege. Dafür sind sie bei gleicher Leistungsfähigkeit voluminöser im Packformat und etwas schwerer. Ich selbst bin ein Daunenfreund, weil ich lieber in Naturmaterialien nächtige, und hatte nur selten Probleme mit meinem Schlafsack. Für besonders feuchte Gegenden bleibt es allerdings zu überlegen, ob nicht ein Kunstfaserschlafsack zu bevorzugen ist.

Ober- und Innenmaterial

Die **Außenhülle** muss aus atmungsaktivem Kunstmaterial bestehen, sonst schwitzen Sie darin. Gleichzeitig muss das Material widerstandsfähig sein. Verschiedene Polyesterstoffe und Microfasergewebe leisten dies. Sie sind atmungsaktiv, wasserabweisend und winddicht.

Das **Innenmaterial** muss ähnlich beschaffen sein und sich zusätzlich angenehm auf der Haut anfühlen. Baumwolle scheidet aus, da sie zu schwer ist und sehr schnell verschmutzt. Es gibt Nylonstoffe, die diesen Ansprüchen genügen.

Weitere Schlafsack-Kriterien

- **Die Schlafsack-Form:** Je weniger Raum innerhalb des Schlafsacks ist, desto weniger Luft muss der Körper erwärmen. Deckenschlafsäcke sind nur für warme Gegenden geeignet. Die Mumienform ist für einen Trekking-Schlafsack das absolute Muss. Wie eng er sein darf kommt auf das persönliche Wohlempfinden an.
- **Kapuze:** Viel der Körperwärme wird über den Kopf abgegeben. Die Kapuze verhindert das und kann bei extremen Temperaturen so zusammengezogen werden, dass nur noch Mund und Nase herausschauen.
- **Reißverschluss:** Am besten ist ein Zwei-Wege-Reißverschluss, der auch von unten zu öffnen ist. Manche Modelle gibt es mit kombinierbaren Reißverschlüssen, so dass Sie zwei Schlafsäcke verbinden können. Geschmackssache. Aber wichtig ist die Abdeckleiste, denn der Reißverschluss

Vorbereitungen

ist eine Isolations-Schwachstelle des Schlafsacks. Die Abdeckleiste darf richtig dick und wulstig sein.

- **Wärmekragen:** Ein Wärmekragen ist ein zusätzlicher Kragen in Schulterhöhe, der mit einer Kordel zusammen gezogen wird. Er soll die warme Luft im Schlafsack am Entweichen hindern. Für diejenigen, die mit zugezogener Kapuze Platzangst bekommen, eine nützliche Ergänzung.

- **Fußsack:** Da Füße am schnellsten kalt werden, haben manche Modelle einen speziell dick gefüllten Fußsack. Eine Eigenschaft, die ich bei meinem Schlafsack schon sehr oft geschätzt habe.

- **Temperaturangabe:** Die Angaben der Hersteller sind nicht immer vergleichbar. Schenken Sie den angegebenen Maximaltemperaturen nicht zu viel Aufmerksamkeit, sondern orientieren Sie sich an den Temperaturen für den so genannten Komfortbereich.

---

*☀ **Schlafsack besser nutzen***

So kann die Leistungsfähigkeit des Schlafsacks in Extremsituationen noch gesteigert werden:

- *Nehmen Sie sich eine Wärmflasche mit in den Schlafsack. Am besten eine Wasserflasche mit heißem Tee.*
- *Verwenden Sie einen zusätzlichen Innenschlafsack (Inlett) oder einen Außenüberzug.*
- *Isolieren Sie bei Bodenkälte den Zeltboden mit Zweigen oder Laub unter dem Zelt.*

Die Iso-Matte

Die absolut notwendige Ergänzung für den Schlafsack ist die Iso-Matte, da der Schlafsack gegen die Bodenkälte relativ machtlos ist. Luftmatratzen scheiden grundsätzlich aus, da sie zu schwer sind und ihre Isolationskraft nicht ausreicht.

Bei **Schaummatten** gibt es riesige Unterschiede. Sie sollten darauf achten, dass die Matte kein Wasser aufnimmt und nicht zu leicht komprimierbar ist. Ihr Nachteil ist immer das große Packmaß.

Vorbereitungen

Schlaf-Tipps

Schlafsack hin oder her, es gibt darüber hinaus einige Dinge, die beim Schlafen im Schlafsack beachtet werden müssen, sonst nützt der beste Schlafsack nichts:

- *Packen Sie den Schlafsack sofort aus, wenn Sie das Lager aufschlagen, damit er Zeit hat, sein Volumen zu entfalten.*
- *Krabbeln Sie nie mit der Tageskleidung zum Schlafen in den Schlafsack. Ziehen Sie spezielle Nachtwäsche (trocken und anliegend), am besten Thermo-Unterwäsche, an.*
- *Benutzen Sie immer eine Isoliermatte.*
- *Stopfen Sie Kleidung mit in den Schlafsack. Das reduziert das Luftvolumen im Schlafsack. Die Kleidung trocknet und ist am Morgen leicht warm.*
- *Trinken Sie noch etwas Warmes, bevor Sie in den Schlafsack kriechen.*

Thermo-Matten sind relativ empfindlich. Die Hersteller haben deshalb spezielle Reparatur-Sets im Angebot.

Optimal sind meines Erachtens die Thermo-Matten, die sich zum Teil **selbst aufblasen.** Sie bieten mit Abstand die beste Isolation und sind am bequemsten. Ihr einziger Nachteil ist das hohe Gewicht von ca. 800-1.200 g im Vergleich zu den Schaummatten, die nur 200-500 g wiegen.

Das Zelt

Das Zelt muss dicht sein und genügend Platz für seine Insassen und ihr Gepäck bieten. Alle heute aktuellen Trekking-Zelte sind **Doppelwandzelte.** Solche mit nur einer Wand gibt es nur noch als Billigfabrikate oder als Spezialzelte.

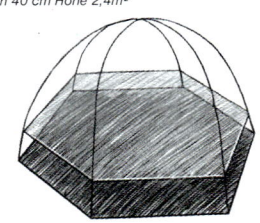

Kuppelzelt:
Grundfläche 3 m² ;
in 40 cm Höhe 2,4m²

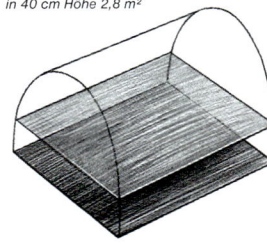

Tunnelzelt:
Grundfläche 3 m² ;
in 40 cm Höhe 2,8 m²

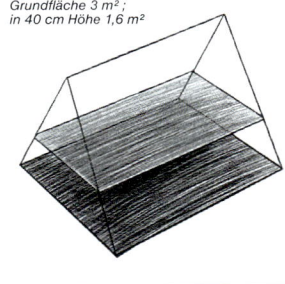

Firstzelt:
Grundfläche 3 m² ;
in 40 cm Höhe 1,6 m²

Zelttypen

Welcher Zelttyp gewählt wird, richtet sich natürlich nach dem Einsatzzweck. Bei der Entscheidung hilft die nebenstehende Tabelle mit den wichtigsten Auswahlkriterien.

Zelt-Tipps

Beim Einsatz des Zeltes gibt es ein paar Dinge zu beachten. Einige davon habe ich im Kapitel „Lagerplatz" aufgeführt.

- ▨ Bauen Sie ein neues Zelt erst einmal zu Hause auf und überprüfen Sie, ob alles drin und dran ist. Tun Sie dies gleich mehrmals, damit beim Aufstellen unterwegs die Handgriffe sitzen, selbst bei Sturm, Regen oder in der Dunkelheit.
- ▨ Vor jedem Einsatz des Zeltes überprüfen, ob alle Teile in Ordnung sind.
- ▨ Sowohl für das Material des Außenzeltes als auch der Bodenwanne gibt es Reparatur-Sets der Hersteller. Es sollte Bestandteil der Notfall-Ausrüstung sein.
- ▨ Das Zelt immer gut reinigen und trocknen, damit es beim „Überwintern" keinen Schaden nehmen kann.
- ▨ Das Zelt immer mit offenen Reißverschlüssen einpacken. Bei einem geschlossenen

Zelttyp	Gewicht	Stabilität	Innenraum	Aufbau
Firstzelt	Leicht	Ungünstig	Eng	Aufwändig
Kuppelzelt	Mittelschwer	Günstig	Geräumig	Einfach
Tunnelzelt	Leicht	Sehr günstig	Sehr geräumig	Sehr einfach
Geodät	Schwer	Sehr günstig	Geräumig	Rel. aufwändig

Vorbereitungen

Kauftipps Zelt

- Der Zeltboden sollte möglichst aus Polyurethan (PU) hergestellt sein. PU ist sehr elastisch und beständig und deshalb gut geeignet. Billigmaterialien wie PVC werden brüchig und damit im Laufe der Zeit undicht.

- Die Bodenwanne des Zeltes sollte ihrem Namen alle Ehre machen und bis ca. 10 cm über den Boden reichen, also eine richtige Wanne bilden.

- Die Wasserdichtigkeit des Zeltes wird gemessen in mm-Wassersäule. 1.500 bzw. 2.000 mm für Außenzelt und Boden sind Standard. Gute Zelte überbieten diese Werte deutlich. Hochwertige Außenzelte sind mit Polyurethan (PU) oder Silicon beschichtet.

- Die Nähte des Zeltes sollten zusätzlich abgedichtet sein (Nahtbandverklebung).

- Eine Apsis oder noch besser zwei Apsiden machen das Zelt als Wohnraum deutlich komfortabler. In der Apsis kann man Gepäck regensicher verstauen und bei schlechter Witterung auch mal kochen.

- Der oder die Eingänge des Zeltes sollten über Doppelreißverschlüsse und ein Moskitonetz verfügen.

- Das Außenzelt muss Abspannleinen aufweisen, damit man das Zelt zusätzlich stabilisieren kann.

- Kleine Taschen am Innenzelt scheinen auf den ersten Blick überflüssig, sind aber für die Brille oder die Taschenlampe ein idealer Aufbewahrungsort.

▲ *Geodätisches Kuppelzelt*

Reißverschluss ist die Gefahr größer, dass er durch Druck geknickt und beschädigt wird. Beim Verpacken des Zeltes für längere Zeit ist vor allem darauf zu achten, dass Metallteile nicht mehr feucht sind. Auch nicht rostend beschichtetes Material kann, wenn es einmal angekratzt ist, rosten und der aggressive Rost frisst sich sogar durch die Stoffteile.

▶ *Besonders beim Abstieg kommen die Trekkingstöcke zum Einsatz*

Wanderstöcke

Der Einsatz von Wanderstöcken wird von vielen noch immer als die „Senioren-Variante" des Trekkings angesehen. Man kann sicherlich darüber diskutieren, ob man Wanderstöcke für jede Art des Trekkings benötigt, aber mit dem Alter hat dies absolut nichts zu tun. Ich selbst empfinde das Gehen mit Wanderstöcken im unwegigen Gelände mit Gepäck als willkommene Erleichterung.

Mit Wanderstöcken kann man leichter das Gleichgewicht halten, was im anspruchsvollen Gelände nicht zu unterschätzen ist. Auch bei Flussdurchquerungen findet man leichter Halt. Außerdem wird ein Teil der Belastung auf Beine und Rücken mit den Armen abgefangen.

Teleskopstöcke

Der Wanderstock sollte teleskopierbar sein, so dass er beim Aufstieg auf Hüfthöhe reduziert und beim Abstieg auf Schulterhöhe ausgefahren werden kann. Ansonsten sollte er so klein zusammengesteckt werden können, dass er an die Seite des Rucksacks passt.

Der Kocher

Kochertypen

Gewicht, Brennleistung und Brennmaterial sind Hauptkriterien für die Auswahl. Die dargestellten Kochertypen sind die am häufigsten gebrauchten. Ich persönlich bevorzuge einen Benzin-Kocher, da für mich die Verfügbarkeit von Brennstoff das Hauptargument darstellt.

Kocher-Tipps

Haben Sie sich für einen Kocher-Typ oder ein bestimmtes Modell entschieden, sollten Sie beim Einsatz dieses Gerätes auf ein paar Kleinigkeiten achten, die die Effektivität der Kochleistung deutlich beeinflussen können:

Literaturtipp
*Rainer Höh,
„Wildniss-Küche",
Reise Know-How
Verlag, Reihe Praxis
ISBN 3-89416-751-3
Der ideale Ratgeber
für die Vorbereitung
und unterwegs. Mit
über 40 Praxis-
Rezepte.*

Kochertyp	Verfüg-barkeit	Kocher-größe	Bedien-komfort	Brennstoff
Esbit-Kocher	Fast überall	Sehr klein	Gering	Gering
Gas-Kocher	Nicht überall	Klein	Hoch	Mittel
Spiritus-Kocher	Fast überall	Klein	Hoch	Mittel
Benzin-Kocher	Überall	Groß	Mittel	Hoch

- ▨ Den Kocher immer an einer möglichst windge-schützten Stelle aufstellen. Wind kann aus dem leistungsfähigsten Gerät eine Niete machen.
- ▨ Nehmen Sie einen separaten Windschutz mit (falls er nicht zum Gerät mitgeliefert wird). Ich habe üblicherweise ein dünnes Alublech dabei, das ich um den Kocher herum drapiere und zum Transport zusammenfalten kann.
- ▨ Immer mit Deckel kochen.
- ▨ Überlegen Sie sich vor dem Kochen, was Sie wann brauchen, damit Sie nichts wieder aufwär-men müssen. Energie ist wertvoll.
- ▨ Genügend Behältnisse für den Brennstoff mit-nehmen.

Kochgeschirr und -utensilien

Wie umfangreich das Kochgeschirr sein muss, hängt von der Zahl der zu bekochenden Personen ab und davon, wie gut Sie im Improvisieren sind. Es gibt komplette Kochsets, die aus mehreren Töpfen, Pfannen einem Wasserkessel, Tellern und Tassen bestehen. Als Material gibt es Edelstahl oder das leichtere Aluminium. Wenn Sie gewichts- und platz-sparend denken, reicht aber auch deutlich weniger:

❏ **Ein Topf** ist für die Zubereitung einer Trekking-Mahlzeit völlig ausreichend. Er muss allerdings groß genug sein für die zu verköstigenden Personen. Nachteilig ist, dass Sie diesen Topf permanent abwaschen müssen, um nach der Suppe die Nudeln und dann wieder das Teewasser darin zu erhitzen.

❏ Die passende Ergänzung zum Topf bildet eine **Pfanne,** die gleichzeitig als Topfdeckel eingesetzt werden kann.

❏ Ein **Wasserkessel** ist ein schöner Luxus, aber ein Topf mit Deckel erfüllt die gleiche Funktion.

❏ **Teller** halte ich für Luxus. Wir mischen unser Essen üblicherweise im Topf und löffeln oder gabeln alle aus dem Topf.

❏ Ein extra **Messer** zum Essen ist ebenso überflüssig, denn ein Taschenmesser oder einen Leatherman haben Sie sowieso dabei.

❏ Selbst eine **Gabel** ist nicht unbedingt notwendig, denn ein Löffel übernimmt eigentlich alle Funktionen beim Essen.

❏ Wichtig ist ein **Becher,** entweder aus Edelstahl- oder aus Emaille, der nicht zu klein ist. Daraus können Sie Tee und Kaffee trinken aber auch die Suppe löffeln.

Griffzange isolieren

Haben Topf und Pfanne keinen integrierten Griff, ist eine einzelne Griffzange aus verchromtem Stahldraht ideal. Um sie vor Hitze zu isolieren und den Griff sicherer zu machen, kann man ihn am Handgriff mit Tape-Band umwickeln. Das Tape an meinem Kocher-Griff hält mittlerweile seit 15 Jahren.

❏ Vergessen Sie bei Ihren Kochutensilien nicht die **Reinigung.** Füllen Sie etwas Spülmittel in eine kleine Weithalsflasche und nehmen Sie ein Geschirrtuch und einen Scheuerschwamm mit.

❏ Natürlich muss der Kocher entzündet werden. Wenn er keinen Piezozünder hat (und selbst der kann streiken), benötigen Sie **Streichhölzer** (am besten wasserfeste) oder ein Feuerzeug.

OSJtr Abb. gs

*▲ Die Nudel-
auswahl auf dem
lokalen Markt
kann riesig sein.*

Proviant

Unterschätzen Sie nicht, was Ihr Körper auf einer
Trekking-Tour so alles verbrennt. Sie brauchen Frühstück, etwas für unterwegs und Abendessen. Natürlich gibt es Geschmacksunterschiede, aber so richtig groß sind die Alternativen auf einer Trekking-
Tour nicht.

Ein Teil des Proviants wird direkt vor Ort besorgt.
Allerdings geht das Angebot in vielen Ländern über
frisches Obst und Gemüse sowie die eine oder andere Dosensorte nicht hinaus. Deshalb ist es durchaus ratsam, sich bereits in der Heimat die wichtigsten Bestandteile des Proviants zusammenzustellen.
Alles, was Sie in getrockneter Form mitnehmen können, reduziert das Rucksackgewicht. Getrocknete
Röstzwiebeln, Trockenfrüchte oder Kartoffelpulver
sind deutlicher leichter als die frischen Lebensmittel
auf dem Markt vor Ort.

58

- ❏ **Müsli** statt Brot, Marmelade, Butter zum Frühstück. Nehmen Sie ein Müsli Ihres Geschmacks und füllen es in eine große Weithalsflasche ab. Dazu Milchpulver, Zucker und heißes Wasser und fertig ist ein perfektes Trekking-Frühstück.
- ❏ Für den Tag **Müsliriegel,** eine Tafel **Schokolade** oder **getrocknete Früchte** (Datteln, Aprikosen, Apfelschnitz).
- ❏ **Nudeln oder Reis** sind nicht so kochintensiv wie Kartoffeln.
- ❏ Die **Soße** macht den Geschmack. Tomatenmark oder eine Instant-Tomatensuppe zusammen mit Zwiebeln, Knoblauch oder Schinkenspeck (evtl. vor Ort kaufen).
- ❏ **Gewürze** (Pfeffer, Curry, Paprika, Chili) in kleinen Döschen mitnehmen.
- ❏ Nehmen Sie ausreichend **Salz** mit!
- ❏ Eine Tupperdose für **Butter** oder Margarine.
- ❏ **Mineraldrinkpulver** in Weithalsflaschen abgefüllt (nicht zu wenig mitnehmen).
- ❏ **Tee** (am besten in Beuteln) und **Kaffee** (löslicher oder gemahlener) sind zwar wärmend und führen Flüssigkeit zu, aber eigentlich ist ein bereits **vorgemischter Kakao** (Kakaopulver + Milchpulver + Zucker) weitaus nahrhafter.
- ❏ **Fertiggerichte** für Expeditionen.

Instant-Suppen

Instant-Suppen wie Tomatensuppe lassen sich z.B. auch gut zu einer Nudelsoße verarbeiten. Beim Kauf auf kurze Kochzeiten achten!

Waschzeug

Für das eigene Wohlbefinden ist es unerlässlich, sich auf der Tour regelmäßig einer gründlichen Reinigung zu unterziehen, auch wenn Luft und Wasser sooo kalt sind.

- ❏ Eine **Seife** (am besten biologisch abbaubar) in einem kleinen Seifendöschen. Statt Seife ist eine biologisch abbaubare Flüssigseife sehr praktisch, die zugleich zum Wäsche waschen und Geschirr spülen verwendet werden kann.
- ❏ Ein **Waschlappen** ist unerlässlich. Sie müssen sich aus Bächen und Seen waschen, in die Sie nicht immer komplett eintauchen wollen oder können.
- ❏ Eine **Zahnbürste,** dazu eine Tube **Zahncreme.** Als Ergänzung ein paar **Zahnkaugummis,** wenn die abendliche Reinigung sprichwörtlich mal ins Wasser fällt. Auch ein kleines Päckchen **Zahnseide** kann nicht schaden.
- ❏ **Kamm oder Bürste,** allerdings nicht gerade die Mega-Ausführungen. **Haarwaschmittel** wird in ein Fläschchen abgefüllt. Verwenden Sie bitte speziell biologisch abbaubare Mittel.
- ❏ **Rasierzeug** für die Herren der Schöpfung, allerdings in der Variante Rasierseife, Pinsel, Klinge.

039r Abb. gs

▶ *Die tägliche* ***Hygiene*** *ist wichtig, auch wenn das Wasser kalt ist.*

- ❏ Wegen der kräftigen Sonnenstrahlung braucht man einen **Lippenschutz** und natürlich eine **Sonnencreme oder -milch** mit entsprechend hohem Lichtschutzfaktor.
- ❏ Eine Rolle **Klopapier** sollte immer dabei sein. Diese eventuell bereits zu Hause einpacken.
- ❏ Eine **Schere** befindet sich am Taschenmesser.
- ❏ Jegliche Art von **Gesichts- und Körpercremes** werden auf ein Minimum reduziert. Luxusartikel wie **Deostift** entfallen.
- ❏ Zum Thema **Schminke** für die Damen der Gesellschaft kann ich nur fragen „Für wen?"

Praktisches für unterwegs

In den Tiefen des Rucksackes lassen sich einige Kleinigkeiten unterbringen, die das Trekking-Abenteuer angenehmer machen. Das richtige Taschenmesser, die praktische Lampe oder der passende Spannriemen erleichtern das tägliche Leben.

Taschenmesser

Taschenmesser sind schon fast so etwas wie ein Statussymbol. Am besten sind immer noch Schweizer Offiziersmesser, die es in vielen verschiedenen Ausführungen gibt. Eine Variante, die bereits dicker als lang ist, muss es allerdings nicht sein.

- ❏ Das **Messer** sollte neben einer Schneide, eine Schere, eine Feile, eine Ahle, einen Dosenöffner und einen Kapselheber, sowie eventuell eine kleine Säge beinhalten. Alles andere ist wiegender Luxus.
- ❏ Auch einen **Leatherman** habe ich zu schätzen gelernt, vor allem die darin integrierte Zange. Am besten ist das original Leatherman-Tool. Ich empfehle dabei die einfachste Ausführung, denn es kommt auf die Zange an und die anderen Tools sind bereits am Taschenmesser.

❏ Zusätzlich empfehle ich noch ein **großschneidiges Messer** mit stehender Klinge oder ein arretierbares Klappmesser.

Taschen- oder Stirnlampe

Eine künstliche Lichtquelle ist absolut notwendig. Unter den **Stablampen** gibt es heute Modelle, die bei geringer Größe und Gewicht hervorragende Leuchtleistung erbringen und dabei wenig Energie verbrauchen.

Trotzdem halte ich für das Trekking eine **Stirnlampe** für weitaus günstiger. Wenn Sie im Dunkeln agieren, benötigen Sie Ihre beiden Hände. Eine Taschenlampe ist dabei immer hinderlich, während eine Stirnlampe auf dem Kopf ausreichend Licht spen-

▶ *Mit der Stirnlampe hat man beide Hände frei*

det und genügend Bewegungsfreiheit lässt. Sie sollten darauf achten, dass die Stirnlampe mit einer Halogenlampe ausgestattet ist (Helligkeit!), eine Ersatzbirne enthält und mit einer Lithiumbatterie (Leuchtdauer!) betrieben wird. LED-Lampen auf der Basis von Leuchtdioden sind zwar noch deutlich besser, aber erst auf den Markt gekommen und sehr teuer. Ihnen gehört wohl die Zukunft.

Spannriemen

Sie haben Holz gesammelt und müssen es noch ein Stück mittragen oder Sie wollen etwas außen am Rucksack befestigen. Einige unterschiedlich lange Spannriemen mit einem Schnellverschluss sind für diesen Zweck optimal geeignet.

Reepschnur

Es ist immer ratsam, wenigstens ein paar Meter (10 m genügen) Reepschnur dabei zu haben. Dies ist ein aus Kunstfasern geflochtenes Seil, das besonders stabil und reißfest ist. Sie können damit Ihren Proviant in den Baum hängen, sich beim Überqueren eines Baches sichern, die Wäsche zum Trocknen aufhängen oder bei Sturm zusätzlich das Zelt verspannen.

Sonnenbrille oder Gletscherbrille

Eine Sonnenbrille gehört zur Standardausrüstung beim Trekken. In größeren Höhen, bei Schnee und Eis ist die Sonneneinstrahlung derart intensiv, dass Schutz davor lebensnotwendig sein kann. Die Sonnenbrille muss von guter Qualität sein und die schädlichen UV-Strahlen heraus filtern. In extremeren Höhen und in Schnee und Eis sollten Sie eine geschlossene Gletscherbrille wählen.

Überlebens- und Notfallausrüstung

Das klingt nach Survival und Abenteuer, ist aber nicht so gemeint. Die kleinen Utensilien für den Fall der Fälle benötigen kaum Platz und können im Ernstfall äußerst wichtig werden. Ich habe immer eine Tabakdose mit den wichtigen Kleinigkeiten, wie Näh- und Reparaturset dabei. Eine genaue Auflistung enthält die Checkliste am Ende des Kapitels.

Behälter und Verpackungen

Packsäcke

Wahren Sie von Anfang an im Rucksack eine gewisse Ordnung. Packen Sie die zusammengehörenden Sachen in einen Packbeutel. Wasserdichte Packsäcke in unterschiedlichen Farben machen die Ordnung einfach. Schon nach kurzer Zeit wissen Sie, gelb ist die Unterwäsche, grün sind die Hemden, blau der Proviant und so weiter.

Wasserflasche und -kanister

Ob Sie eine **Wasserflasche** für einen oder zwei Liter benötigen hängt von der Region ab, in der Sie trekken. Sie sollte immer gefüllt sein und nach Bedarf auch mit Mineraldrink vermischt werden. Wasserflaschen müssen dicht verschließbar und möglichst unempfindlich sein.

Praktische Squeeze-Tuben

Für Dinge wie Tomatenmark oder Marmelade gibt es nachfüllbare Squeeze-Tuben. Ihre Vorteile: Die mitgenommenen Mengen können genau portioniert werden und man schleppt kein unnötiges Gewicht.

Isolierkannen sind in der Regel zu sperrig und zu schwer, dafür können Sie eine Thermohülle über die Flasche ziehen.

Am Lagerplatz ist der Wasserverbrauch deutlich höher. Wasser zum Trinken, Kochen, Abwaschen und Waschen wird benötigt. Gerade bei größeren Trekking-Gruppen empfiehlt sich ein **Faltkanister** (10-20 Liter) aus Kunststoff.

Weithalsflaschen

Füllen Sie Ihren Proviant nach Möglichkeit ab. Weithalsflaschen in unterschiedlichen Größen eignen sich dafür hervorragend. Sie sind aus leichtem Kunststoff, haben weite Öffnungen und sind außerdem mit einem Drehverschluss absolut dicht verschließbar.

Fotografie

Wer zeigt nicht gerne nach der Tour Freunden und Bekannten ein paar Bilder von all dem Erlebten. In Zeiten von Digitalkameras und immer kleiner werdenden Videokameras spielt das Gewicht der Ausrüstung nicht mehr die entscheidende Rolle.

- Überprüfen Sie Ihr Gerät auf **volle Funktionsfähigkeit** vor der Tour. Nichts ist ärgerlicher, als das ganze Gewicht umsonst mitzuschleppen, z.B. weil die Batterie leer ist.
- **Genügend Filme,** Kassetten oder Speicherplatten einpacken.
- **Ersatzbatterien** bzw. Akkus mitnehmen.
- Die richtige Objektivauswahl treffen. Das Lama am gegenüberliegenden Hang verliert sich im Weitwinkel. Ein **Teleobjektiv** ist angebracht. Für die Nahaufnahmen von Blumen oder Kleintieren

Literaturtipp

Helmut Hermann, „Reisefotografie" Praktischer Ratgeber für kreative Fotos unterwegs mit vielen Tipps und Beispielen. Reise Know-How Verlag, Reihe Praxis ISBN 3-89416-772-6

Vorbereitungen

Kameratransport

Wie sollte die Kamera getragen werden? Bei jedem Fotomotiv den Rucksack absetzen und nach der Kamera kramen ist lästig. Genauso lästig ist es, sie permanent am Hals baumeln zu haben. Ich baue mir mit meinem Kameraköcher und zwei Spanngurten immer eine Konstruktion an der Seite des Rucksacks, die mich nicht beim Laufen behindert, nicht permanent schaukelt, an die ich aber problemlos mit aufgesetztem Rucksack herankomme.

vielleicht sogar mit **Makro.** Für Landschaftsan-sichten dagegen ist das **Weitwinkelobjektiv** wunderbar geeignet.

 Unterschätzen Sie das Berglicht nicht. Wegen der stärkeren UV-Strahlung in Höhen über 2.000 m sollte das Gerät mit einem **UV-Filter** ausgestattet werden. Bei mehreren Objektiven auch mehrere Filter mitnehmen.

 Fotopapier, Pinsel mit Luftbalg und eventuell noch ein weiches Tuch nicht vergessen, alles Utensilien, mit denen Sie Linsen, Spiegel und andere hochempfindliche Kamerateile sauber halten können.

 Beim **Fotografieren von Menschen** Einfühlsam-keit zeigen. Nicht gnadenlos drauflos knipsen oder filmen, sondern erst die Modelle fragen (das geht auch wortlos!).

▼ Wer tagelang zusammen ist, sollte sich gut verstehen.

 Bei **Bildern in Schnee und Eis** sowie bei diffu-sem Licht (z.B. im Nebel) kommt es durch die starke Reflexion bzw. das Streulicht zu Unterbe-lichtung. Korrigieren Sie manuell.

037/r Abb.: jg5

Die Gruppe

Die Zusammensetzung der Trekking-Gruppe hat einen nicht unerheblichen Einfluss auf das Gelingen der Tour. Ein Störenfried kann den Spaß an der gesamten Tour zunichte machen. Trotz allem muss man dieses Thema nicht übergewichten. Ich habe auch schon Trekking-Touren mit Zufallsbekanntschaften im Reiseland unternommen und es hat funktioniert. Im Ernstfall muss man sich eben zusammen raufen.

Auf der gesamten Tour sind Sie mit Ihren Trekking-Freunden zusammen. Sie sind aufeinander angewiesen und eine alte Berg-Regel besagt, dass sich alles nach dem schwächsten Mitglied der Gruppe richtet.

- Die Mitglieder einer Trekking-Gruppe sollten sozusagen in der gleichen Leistungsklasse laufen, sonst kann es für die Fitten langweilig und für die weniger Trainierten zur Qual werden.
- Die Chemie untereinander sollte stimmen. Wer tagelang gemeinsam campiert, marschiert und kocht muss sich zumindest halbwegs verstehen.
- Sie müssen sich aufeinander verlassen können. Einzelkämpfer innerhalb einer Gruppe machen das tägliche Vorankommen schwer.
- Jeder Teilnehmer muss bereit sein, Dienste für die Allgemeinheit zu übernehmen.
- Entscheidungen werden gemeinsam getroffen bzw. die Meinung eines erfahrenen Mitglieds wird von den anderen akzeptiert. Notorische Besserwisser erschweren nur alles.
- Um die Gemeinschaft zu testen, sollten Sie bereits die Übungstouren in der Heimat zusammen mit Ihrer Trekking-Gruppe unternehmen. Dabei stellt sich sehr schnell heraus, wo eventuelle Probleme liegen und man kann sie bereits vor dem Urlaub diskutieren.

Tourenvorbereitung im Land

Trekking-Touren starten meistens nicht direkt in den Hauptorten einer Region. Klären Sie gleich bei Ankunft im Zielland, wo Sie was bekommen können bzw. organisieren müssen:

❏ Transport zum Startpunkt der Trekking-Tour. Sind Bus-, Taxi- oder anderer Transport nötig?

❏ Sind Führer oder Träger gewünscht oder eventuell sogar vorgeschrieben? Wo kann dies organisiert oder gebucht werden?

❏ Sind für die Tour Genehmigungen notwendig, die eventuell vorab und andernorts besorgt werden müssen? Wie viel kostet das?

❏ Checken Sie Ihr Trekking-Gepäck nochmals. Besorgen Sie noch fehlende Gegenstände.

❏ Klären Sie, was mit dem Gepäck passieren soll, das nicht mit auf die Trekking-Tour geht. Suchen Sie sichere Möglichkeiten zur Unterbringung (z.B. Hotel, Schließfächer).

❏ Organisieren Sie den Transport vom Endpunkt Ihrer Trekking-Tour wieder zurück zum Ausgangsort oder dem Ort Ihrer Weiterreise.

❏ Überprüfen Sie nochmals alle Ausrüstungsgegenstände auf Funktionstüchtigkeit. Testen Sie vor allem batteriebetriebene Geräte wie Fotoapparat, Blitz, Taschenlampe etc.

❏ Besorgen Sie Verpflegung, die Sie am Startort der Trekking-Tour höchstwahrscheinlich nicht erwerben können.

❏ Wie viel Geld in Landeswährung benötigen Sie auf der Tour und im Anschluss daran, bis zur nächsten Bank?

❏ Denken Sie vor allem an Geld in kleiner Stückelung. Wenn Sie auf der Trekking-Tour etwas einkaufen können, gibt es mit großen Scheinen oft ein Problem.

❏ Überprüfen Sie nochmals Ihr Gepäck auf alle Gegenstände, die Sie nicht unbedingt benötigen. Kurz vor der Tour ist man gerne verleitet, das eine oder andere Teil doch noch einzupacken. Ihre Muskeln werden es Ihnen danken.

Führer, Träger und andere Unterstützung

Warum einen Führer?

In den meisten Trekking-Gebieten besteht die Möglichkeit, einen Führer zu engagieren. Gründe, die für einen Führer sprechen:

- Sie trauen sich eine selbstständige Orientierung nicht zu.
- Es liegt kein zuverlässiges Kartenmaterial vor.
- Es besteht die Pflicht, einen Führer zu engagieren.
- Es existieren unwägbare Gefahren, die nur ein Ortskundiger einschätzen kann.

Wenn Sie das erste Mal unterwegs sind und die Situation nicht abschätzen können, empfehle ich grundsätzlich: Scheuen Sie nicht die Kosten für einen lokalen Führer. Er wird Ihnen das Leben leichter machen und Sie können beim nächsten Mal viel leichter entscheiden, ob Sie mit oder ohne Führer gehen wollen.

Träger

Während ein Führer auf mancher Tour absolut ratsam ist, sind Träger in der Regel Luxus. Ob ihre Unterstützung notwendig ist oder nicht hängt davon ab, ob Sie es sich zutrauen, die Tour mit dem vollen Gewicht Ihres Rucksackes durchzustehen.

Francis führte uns wohlbehalten durch die ugandischen Ruwenzoris.

Auch wenn ich die meisten Touren ohne Träger bestritten habe, so war ich doch beispielsweise auf dem Ruwenzori-Trek in Uganda dankbar, dass mir ein Träger ein paar Kilogramm abgenommen hat. Das Balancieren auf den Grasbüscheln im Sumpf und das Springen von Büschel zu Büschel über manchmal zwei Meter Entfernung war mit weniger Gewicht auf dem Rücken deutlich leichter zu bewerkstelligen.

Ein Träger kann bis zu 10 Kilo übernehmen, da er zusätzlich noch seine Ausrüstung und Verpflegung tragen muss. Alles, was tagsüber benötigt wird (Verpflegung, Kleidung gegen Kälte und Regen, Fotoapparat, Filme etc.) sollte in Ihrem Tagesgepäck sein. Die Träger gehen nämlich nicht unbedingt mit der Gruppe, sondern eilen meist deutlich voraus.

Wenn von vornherein Träger eingeplant werden, nehmen Sie am besten einen **Packsack** mit, der dem Träger ausgehändigt wird. Vielen Trägern ist es gar nicht recht, das Gepäck in einem fest gepackten Rucksack zu bekommen, da sie dann ihr eigenes Gepäck nicht mehr unterbringen können. Ich habe es erlebt, dass die Träger den Rucksack quer über die Schultern gelegt haben.

Unterstützung durch Tiere

Je nach Gegend und Tour besteht oftmals die Möglichkeit, Pferde, Mulis oder Kamele mitzunehmen, zum einen zum Reiten, meist jedoch zum Transport des Gepäcks. Ich selbst habe auf solche Unterstützung bisher noch nicht zurückgegriffen. Aber je nach Tour kann das durchaus sinnvoll sein. Nachteile oder Schwierigkeiten erwachsen daraus nicht.

▼ *Auf Pferden durch den Himalaya*

076tr Abb. g5

Checklisten Ausrüstung	Anzahl/Menge	Grund-ausrüstung	Extra-ausrüstung	eingepackt	noch besorgen
Hauptausstattung					
Zelt	1	●		❏	❏
Zeltplane	1		●	❏	❏
Schlafsack	1	●		❏	❏
Isolier-Matte	1	●		❏	❏
Rucksack	1	●		❏	❏
Wanderstöcke	1 Paar		●	❏	❏
Unterwäsche					
Unterhosen	2-3	●		❏	❏
Unterhemd, T-Shirt	1-2	●		❏	❏
Rollkragen-Pulli	1		●	❏	❏
Socken, dünn	1	●		❏	❏
Trekking-Socken	2-3	●		❏	❏
Isolierbekleidung					
Unterhose, lang	1		●	❏	❏
Unterhemd, lang	1		●		
Fleecejacke	1	●		❏	❏
Fleecehemd	1	●		❏	❏
Oberbekleidung					
Trekking-Jacke (Goretex o. Ä.)	1	●		❏	❏
Trekking-Hose	1	●		❏	❏
Trekking-Hemd (statt Fleece-Hemd)	1	●		❏	❏
Gürtel	1	●		❏	❏
Regenschutz-Poncho	1	●		❏	❏
Regen-Überhose	1	●		❏	❏
Hut / Mütze	1	●		❏	❏
Sturmhaube	1		●	❏	❏
Handschuhe	1	●		❏	❏
Schal oder Halstuch	1	●		❏	❏

CHECKLISTEN AUSRÜSTUNG

	Anzahl/Menge	Grund-ausrüstung	Extra-ausrüstung	eingepackt	noch besorgen
Gletscherbrille	1		●	❏	❏
Wander- / Berg- / Trekking-Stiefel	1	●		❏	❏
Trekking-Sandalen	1		●	❏	❏
Gamaschen	1		●	❏	❏
Sonnenbrille	1	●		❏	❏
Kocher und Kochutensilien					
Kocher	1	●		❏	❏
Brennstoff	1	●		❏	❏
Brennstoffbehältnis (z.B. Benzinflasche)	1-2	●		❏	❏
Windschutz für Kocher	1	●		❏	❏
Reparaturwerkzeug für Kocher	1 Set	●		❏	❏
Kochgeschirr (Topf, Pfanne, Griff)	1 Set	●		❏	❏
Besteck (zumindest Löffel)	1 Set	●		❏	❏
Wasserflasche	1	●		❏	❏
Wasserkanister	1		●	❏	❏
Trinkbecher	1	●		❏	❏
Teller / Essnapf	1		●	❏	❏
Thermohülle für Wasserflasche	1		●	❏	❏
Geschirrspülmittel (Flüssigseife)	1	●		❏	❏
Scheuerschwamm	1	●		❏	❏
Geschirrhandtuch	1	●		❏	❏
Wasserentkeimungsmittel	1	●		❏	❏
Nützliches für Unterwegs					
Taschenlampe / Stirnlampe	1	●		❏	❏
Taschenmesser	1	●		❏	❏
Messer mit großer Klinge	1	●		❏	❏
Feuerzeug	1	●		❏	❏
Streichhölzer (wasserfest)	1 Pack	●		❏	❏

Vorbereitungen

	Anzahl/Menge	Grund-ausrüstung	Extra-ausrüstung	eingepackt	noch besorgen
Kompressions- bzw. Spannriemen	5	●		❑	❑
Uhr (analog)	1	●		❑	❑
Kompass	1	●		❑	❑
Wanderkarten	n. Bed.	●		❑	❑
Kartenhülle (evtl. maßgeschneidert)	1	●		❑	❑
Grödeln	1 Paar		●	❑	❑
GPS	1		●	❑	❑
Schrittzähler	1		●	❑	❑
Höhenmesser	1		●	❑	❑
Waschen und Hygiene					
Seife (Flüssigseife)	1	●		❑	❑
Handtuch	1	●		❑	❑
Zahnbürste	1	●		❑	❑
Zahncreme	1	●		❑	❑
Kamm / Bürste	1	●		❑	❑
Waschlappen	1	●		❑	❑
Schere (falls nicht am Taschenmesser)	1	●		❑	❑
Rasierzeug (Nassrasur)	1	●		❑	❑
Sonnencreme	1	●		❑	❑
Lippenschutz	1	●		❑	❑
Insektenschutz	1	●		❑	❑
Toilettenpapier	1 Rolle	●		❑	❑
Monatshygiene	n. Bed.	●		❑	❑
Schuhpflege	1 Tube	●		❑	❑
Kondome	n. Bed.	●		❑	❑
Reepschnur	10 m	●		❑	❑
Notfallausrüstung					
Klebeband	2m	●		❑	❑
Nadeln	5	●		❑	❑
Sicherheitsnadeln	10	●		❑	❑

	Anzahl/Menge	Grundausrüstung	Extraausrüstung	eingepackt	noch besorgen
Packschnur	20 m	●		❏	❏
Rasierklinge	2 St.	●		❏	❏
Dünner Draht	2-3 m	●		❏	❏
Kleine Kerze	1	●		❏	❏
Taschensäge	1		●	❏	❏
Nähset mit Nadel, Faden, Knöpfen	1	●		❏	❏
Alleskleber (NASA-Kleber)	1 Tube	●		❏	❏
Bleistift	1	●		❏	❏
Kleiner Papierblock	1	●		❏	❏
Kleine Plastiktütchen	10	●		❏	❏
Ersatzschnürsenkel (richtige Länge)	1 P.	●		❏	❏
Selbstklebende Flicken für Kleidung	2	●		❏	❏
Reparatur-Set Iso-Matte	1	●		❏	❏
Reparatur-Set Zelt	1	●		❏	❏
Nägel	10	●		❏	❏
Medizin / erste Hilfe					
Malariaprophylaxe	n. Bed.		●	❏	❏
Antibiotikum	1 Pack	●		❏	❏
Schmerzmittel / Aspirin	1 Pack	●		❏	❏
Durchfallmittel (stark, z.B. Immodium)	1 Pack	●		❏	❏
Durchfallmittel (z.B. Perenterol)	1 Pack	●		❏	❏
Erkältungsmittel	1 Pack	●		❏	❏
Abwehrstärkung	1 Pack	●		❏	❏
Elotrans, Mineraltabletten	20	●		❏	❏
Insektenschutzmittel	1 Fl.	●		❏	❏
Mittel gegen Stiche und Juckreiz	1 Fl.	●		❏	❏
Wundsalbe	1 Tube	●		❏	❏
Entkeimungstropfen	1 Pack	●		❏	❏
Wasserfilter	1		●	❏	❏

Vorbereitungen

75

	Anzahl/Menge	Grundausrüstung	Extraausrüstung	eingepackt	noch besorgen
Elastische Binde	1	●		❏	❏
Desinfektionsmittel	1 Fl.	●		❏	❏
Fieberthermometer	1	●		❏	❏
Einmalspritzen und -kanülen	1	●		❏	❏
Salbe gegen stumpfe Verletzungen	1 Tube	●		❏	❏
Heftpflaster	1 Rolle	●		❏	❏
Klammerpflaster	3	●		❏	❏
Blasenpflaster	5	●		❏	❏
Fußtalg	1 Pack	●		❏	❏
Dreieckstuch	1	●		❏	❏
Rettungsdecke	1	●		❏	❏
Mullbinden, Kompressen	3	●		❏	❏
Sonstiges					
Fotoausrüstung	n. Bed.	●		❏	❏
Filme	n. Bed.	●		❏	❏
Foto- / Blitzbatterie / Akkus	n. Bed.	●		❏	❏
Objektivfilter	n. Bed.	●		❏	❏
Reinigungsmaterial	n. Bed.	●		❏	❏
Steckeradapter	1		●	❏	❏
Fernglas	n. Bed.	●		❏	❏
Pass, Ticket, Führerschein, Impfpass	n. Bed.	●		❏	❏
Verpackungsmaterial					
Packsäcke	10	●		❏	❏
Plastiktüten	5	●		❏	❏
Wasserflasche	1-2	●		❏	❏
Wasserkanister	1		●	❏	❏
Weithalsflaschen	n. Bed.	●		❏	❏
Squeeze-Tuben	n. Bed.	●		❏	❏

	Anzahl/Menge	Grundausrüstung	Extraausrüstung	eingepackt	noch besorgen
Verpflegung					
Müsli	n. Bed.	●		❏	❏
Milchpulver	n. Bed.	●		❏	❏
Zucker, Ersatz	n. Bed.	●		❏	❏
Müsliriegel	n. Bed.	●		❏	❏
Nüsse	n. Bed.	●		❏	❏
Trockenfrüchte	n. Bed.	●		❏	❏
Traubenzucker	n. Bed.	●		❏	❏
Mineraldrinkpulver	1 Dose	●		❏	❏
Instant-Suppen	n. Bed	●		❏	❏
Teebeutel oder Kaffeepulver	1 Pack	●		❏	❏
Kakaopulver (vorgemischt)	1 Dose	●		❏	❏
Gewürze (Curry, Chili, Pfeffer, Paprika)	n. Bed.	●		❏	❏
Salz	1 Pack	●		❏	❏
Trocken-Nahrung (Zwiebeln, Kartoffeln etc.)	n. Bed.	●		❏	❏
Expeditions-Nahrung	n. Bed.	●		❏	❏

Vorbereitungen

Auf Tour

Grundregeln auf Tour

Für das „Trekking on tour" lassen sich einige Grund-regeln formulieren, was allerdings nicht heißt, dass diese die einzige Wahrheit darstellen. Sie geben Neulingen hilfreiche Anhaltspunkte und alten Füch-sen vielleicht den einen oder anderen nützlichen Tipp.

Die folgenden Ausführungen geben einen Ein-blick, wie man sich auf der Tour am besten verhält. Wie schnell, wie lange, wie hoch, wie viel – die üb-lichen Fragen, die sich der Neu-Trekker erst mühe-voll erarbeiten, also erlaufen müsste.

Das tägliche Timing

Jeder Trekking-Tag soll zu einem Erlebnis werden. Dazu gehört, dass sein Ablauf zumindest grob ge-plant ist. Die Mittagspause auf dem Aussichtspunkt oder der Lagerplatz am Fluss sind Beispiele für **Etap-penziele,** die in die Routenplanung eingebaut wer-den müssen.

Auch Spontis und Gegner jeder Planung sollten sich vorher ein paar Gedanken über den Tagesab-lauf machen. Wann soll es los gehen? Wie lange werden wir marschieren? Wo wollen wir übernach-ten? Welche Besonderheiten liegen auf der Etappe? Alles Fragen, die man am besten vor jeder Tagese-tappe kurz durchgeht, um einen genussreichen Ab-lauf zu gewährleisten.

Die Startzeit

Wann die Tagesetappe begonnen wird hängt natür-lich von der jeweiligen Tour ab. Grundsätzlich gilt: „Morgenstund' hat Gold im Mund".

Die Start-Regel

Die Startzeit des jeweiligen Tages kann leicht aus den bekannten Eckdaten berechnet werden. Ziel ist dabei, problemlos vor Einbruch der Dunkelheit am angestrebten Lagerplatz anzukommen. Da immer mit Unvorhersehbarem gerechnet werden muss, sollte man ca. zwei Stunden Spielraum einkalkulieren. Ist die Gehzeit nicht zuverlässig bestimmbar, sollte immer von der ungünstigsten, das heißt längsten Variante ausgegangen werden.

Die Startzeit-Formel

Zeitpunkt des Einbruchs der Dunkelheit
  minus 2 Stunden Spielraum
  minus erwartete reine Gehzeit
  minus veranschlagte Pausen
ist gleich Startzeit

Beispiel: Bei Ankunft zum Einbruch der Dunkelheit um 18 Uhr und einer erwarteten Tagesetappe von 6 Stunden mit insgesamt 2 Stunden Pausen und 2 Stunden Spielraum ergibt sich laut der Formel: 18–6–2–2=8, also Startzeit 8 Uhr.

Abweichungen von der Start-Regel

Abweichungen von der genannten Formel ergeben sich vor allem aus den Wetterbedingungen. Vor allem in Bergregionen herrschen vormittags meist günstigere **Wetterverhältnisse** als nachmittags. Aufziehende Bewölkung und Niederschläge wie Regen oder Schnee können Wegabschnitte schwer passierbar machen und sogar zu Orientierungsproblemen führen. In solch einem Fall ist nicht der Einbruch der Dunkelheit das Maß aller Dinge, sondern

Auf Tour

▲ *Eine Bachüber-*
querung kann
das gesamte
Programm auf
den Kopf stellen

das zu erwartende Hereinbrechen von schlechtem Wetter. Wer beispielsweise weiß, dass im Verlaufe einer Tagesetappe eine schwierige Partie in Fels ansteht, kann seine Startzeit darauf abstellen, diese nach Möglichkeit noch unter günstigen Wetterbedingungen zu erreichen.

Gibt es im Verlauf der Tagesetappe andere Schlüsselstellen, wie z.B. **Bachüberquerungen** ohne Brücken, so muss dies bei der Tagesplanung und damit beim Festlegen der Startzeit ebenfalls beachtet werden. In Hochgebirgsregionen, in denen die Bäche durch Gletscher gespeist werden, sind erhebliche Unterschiede beim Wasserstand zu beachten. Das Schmelzwasser durch steigende Temperaturen und intensive Sonneneinstrahlung lässt Bäche und Flüsse auch weit unterhalb der Gletscherzone im Laufe des Tages, vor allem am Nachmittag, deutlich anschwellen. Damit kann eine sonst leichte Überquerung gefährlich oder unmöglich werden. Die Startzeit der Tagesetappe muss auf solche Eventualitäten abgestimmt sein.

Das Aufstehen

Startzeit ist nicht gleich Aufstehzeitpunkt. Wer einmal eine Trekking-Tour bewältigt hat, der hat es im Gefühl, wie viel Zeit er für Waschen, Frühstück vorbereiten, Zelt abbauen und Rucksack packen benötigt. Hierfür kann ich nur grobe Grundregeln angeben, da die Zeitdauer davon abhängt, wie groß und eingespielt die Gruppe ist. Meine Erfahrungswerte liegen zwischen einer Stunde bei Effektiv-Frühstückern und zwei Stunden bei solchen, die es gemütlich angehen lassen.

Tipps für die morgendliche Beschleunigung

- *Vorbereitungen für den kommenden Tag bereits am Abend treffen. Das heißt Kleidung oder Frühstücksutensilien bereitlegen, kleine Reparaturen, z.B. den gerissenen Schnürsenkel, erledigen und das Schuhwerk pflegen.*
- *Verschiedene Tätigkeiten parallel verrichten. Vor der Morgentoilette kann bereits das Teewasser zum Kochen aufgesetzt werden, der Schlafsack zum Lüften ausgelegt werden oder das Zelt so gelockert werden, dass es im Wind trocknet.*
- *Gemeinsame Tätigkeiten auf die Beteiligten verteilen. Während z.B. einer das Frühstück vorbereitet, können die anderen bereits ihre Rucksäcke packen, umgekehrt bauen diese das Zelt ab, während der Frühstückszubereiter seine persönlichen Dinge packt.*

Das alles mag sehr organisiert und militärisch klingen. Aber lieber am Morgen effektiv rangeklotzt und am Nachmittag zwei gemütliche Stunden in der Sonne gelegen, als den Morgen verpennt und kurz vor der Dunkelheit in aller Hektik das Ziel erreicht.

Auf Tour

Gehzeit

Die täglich zu bewältigende reine Gehzeit hängt zum größten Teil von Kondition und Fitness der Teilnehmer ab. Eine Gehzeit von 5 bis 6 Stunden mit Gepäck und Höhenunterschieden sollte für jeden Trekking-Geher zu meistern sein.

Wie bestimmt man die zu erwartende Gehzeit? Wer nicht darin geübt ist, Vorgaben in Trekking-Büchern zu bewerten und Karten zu interpretieren, kann die Abschätzung der Gehzeit nach der folgenden Gehzeitentabelle vornehmen. Die angegebenen Werte sind als Obergrenzen zu verstehen. Schwieriges Gelände, ungünstige Wetterverhältnisse oder schlechte persönliche Verfassung können die Leistungen durchaus reduzieren.

Bei der Planung werden Sie aus der Wanderkarte die Distanz und die Höhenunterschiede herausmessen und mit den genannten Vorgaben die zu erwartende Gehzeit bestimmen. Bei der Benutzung von **Trekking-Büchern** hat man nach ein bis zwei Tagesetappen herausgefunden, wie die Angaben bezüglich Gehzeit dort zu bewerten sind. Zeitvorgaben in Trekking-Büchern orientieren sich meist

Art der Leistung	Geübte	Wenig Geübte
km pro Stunde in ebenem Gelände	5–6 km	4–5 km
Höhenmeter pro Stunde Geringe Meereshöhe Geringes Tragegewicht	400–500 m	200–300 m
Höhenmeter pro Stunde >15 kg Tragegewicht > 3.000 m Höhe	300–400 m	100–200 m
Höhenmeter pro Stunde > 4.000 m Höhe	100–200 m	100 m

am geübten Geher, legen aber keinen „Bergsprinter" zu Grunde.

Ausgehend von ca. 12–14 Stunden Tageslicht, von bis zu zwei Stunden Aufbruchzeit am Morgen, zwei Stunden Pausen unterwegs und zwei Stunden Spielraum in der Planung, ergibt sich eine reine Gehzeit von sechs bis maximal acht Stunden. In dieser Zeit kann man durchaus eine Entfernung von bis zu 20 Kilometern bei gleichzeitig 1.000 Meter Höhenunterschied bewältigen.

Gehgeschwindigkeit

Den richtigen Rhythmus bei der Gehgeschwindigkeit muss jeder Trekker ganz individuell finden. Schwierigkeiten gibt es am ehesten in der Abstimmung der Geschwindigkeiten innerhalb einer Gruppe mit unterschiedlichem Gehverhalten.

 Die Grundregel Nummer eins für Trekking-Gruppen besagt, dass die **Teilnehmer möglichst zusammenbleiben** und sich nicht außer Sichtweite von einander entfernen sollten. Niemals darf ein Teilnehmer so weit zurückfallen, dass er im Falle einer Verletzung nicht sofort Hilfe bekommen kann. Gehgeschwindigkeit und Pausen müssen entsprechend abgestimmt werden.

Die Geh-Typen

Im Prinzip gibt es zwei Typen von Gehern. Zum einen den **Ausdauertyp,** den konstanten Geher, der mit mäßiger Geschwindigkeit, aber ohne kurze Stopps beharrlich wandert. Zum anderen den **Sprintertyp,** den forschen Geher, der etwas schneller läuft, dafür aber nach jedem Stück verschnauft.

Wer noch auf der Suche nach seinem Rhythmus ist, dem sei der erste Typ nahe gelegt. Durch kontinuierliches, nicht zu schnelles Gehen entwickelt sich ein gleichmäßiger Bewegungsablauf, der in Abstimmung von Schrittfrequenz, Schrittlänge und Atmung zu einem anhaltenden Rhythmus führt. Dabei sollte die persönliche Gehgeschwindigkeit so sein, dass immer noch eine kleine Steigerung möglich ist. Wer diesen Rhythmus für sich gefunden hat, wird feststellen, dass dies mit deutlich weniger Anstrengung verbunden ist als ein permanenter Tempowechsel.

Kolonne-Gehen

Gerade für Einsteiger kommt auf längeren Tagesetappen häufig der Punkt, an dem es nicht mehr weiterzugehen scheint. Füße und Knochen schmerzen und der „innere Schweinehund" will überwunden werden. Glücklich, wer jetzt einen Vorgeher hat, der gemächlichen Schrittes weitergeht und seine schwächelnden Freunde hinter sich her zieht. Am besten im Gleichschritt, die Füße des Vordermannes fixierend, geht es noch weiter, viel weiter.

▶ Jeder sucht seine gleichmäßige Gehgeschwindigkeit

◀ Erste Pause vor den Eisriesen

Pausen

Die gemütlichen Pausen auf der Tour sind das Salz in der Suppe. Beim Laufen ist man meist so mit sich, seinen Schritten, seiner Atmung oder der Last auf den Schultern beschäftigt, dass man nur wenig aufnahmebereit ist für die Schönheiten der Natur und Landschaft zu beiden Seiten des Weges. Als Ausgleich eignen sich die Pausen unterwegs, die wohl platziert sein wollen und immer ausreichend Raum zur Erholung bieten müssen.

Wann Pause machen?

Eine Pause soll nicht nur der Entspannung müder Knochen dienen, sondern bildet immer auch einen Zielpunkt, auf den man zusteuert. Es ist durchaus ratsam, beim gemeinsamen Studium der Karte die möglichen Pausenplätze vorab gemeinsam festzulegen. Dann hat jeder in der Gruppe ein Ziel vor Augen, kann sich seine Kraft entsprechend einteilen und seinen eigenen Rhythmus finden. Es darf aber nicht so weit gehen, dass die festgelegten Pausenplätze zur absoluten Regel werden. Wenn die Mehrheit der Gruppe eine Pause wünscht oder wenn ein Einzelner eine Pause dringend benötigt, so hat dies selbstverständlich Vorrang.

Wie viele Pausen?

Wie oft man sich zum Erholen niederlässt hängt von der Kraft und Kondition der Trekker ab. Eine Pause sollte auf jeden Fall ausreichend Zeit bieten, sich zu erholen, sich zu stärken, Wasser nachzufüllen und die Umgebung zu genießen. Dazu sollte man sich wenigstens eine halbe Stunde, bei einer ausführlichen Mittagspause eine ganze Stunde, Zeit nehmen.

Daraus ergibt sich, dass man nicht nach jeder Weggabelung eine Pause einlegen kann. Eine kleine Pause am Vormittag eine längere zur Mittagszeit und eine weitere kleine am Nachmittag teilen den Gehtag in vier Abschnitte, wobei jeder Geh-Abschnitt ca. ein bis zwei Stunden lang sein sollte.

In der ersten Tageshälfte dürfen die Abstände zwischen den Pausen ruhig etwas länger sein, am Nachmittag dafür etwas kürzer.

Der Ideal-Tag

Ein idealtypischer Tageslauf bei sechs Stunden Gehzeit könnte so aussehen:

Start: 8.00 Uhr
  Gehen: 8.00-10.00 Uhr
    Pause: 10.00-10.30 Uhr
      Gehen: 10.30-12.30 Uhr
        Pause: 12.30-13.30 Uhr
      Gehen: 13.30-14.30 Uhr
    Pause: 14.30-15.00 Uhr
  Gehen: 15.00-16.00 Uhr
Schluss: 16.00 Uhr

Wahl des Pausenplatzes

Wenn Sie pausieren, dann sollen Sie das auch genießen können. Ähnlich wie der nächtliche Lagerplatz sollen auch die Pausenplätze sorgsam ausgewählt werden. Die Grundanforderung an den Platz lautet, dass er zum Pausieren einladen muss. Der Pausenplatz muss zwar unterschiedlichen Anforderungen gerecht werden, sollte aber auf jeden Fall Schutz vor Wind und eventuell auch Sonne bieten. Ein Bachlauf in der Nähe zum Erfrischen, Waschen und Wasser nachfüllen ist immer angenehm. Wenn der Platz dann auch noch einen reizvollen Blick bietet, kann man eigentlich nicht mehr verlangen.

Höhenmeter und Akklimatisation

Wie hoch soll es hinausgehen?

Der Reiz der Höhe treibt viele Trekking-Begeisterte in die Bergregionen Afrikas, Asiens und Südamerikas. Startorte in 2.000 oder 3.000 Meter Höhe lassen es leicht erscheinen, einen Fünf- oder Sechstausender zu erklimmen. Davon lässt sich immerhin zu Hause am Stammtisch recht blumig erzählen.

In Höhen, die in Europa nur von versierten Bergsteigern mit Kletter- und Gletschererfahrung erreicht werden, kann man in den Tropen und Subtropen ohne weitere Vorkenntnisse einfach wandern gehen. Sicherlich kommt so manche Trekking-Tour in über 4.000 Meter

Höhe eher einer alpinen Wanderung gleich. Aber gerade darin liegen das Verführerische und die Gefahr, die dabei gerne übersehen wird.

Höhenanpassung

Wichtig bei Aktionen in Höhen über 3.000 Meter ist eine ausreichende Akklimatisation an die Höhe und das Klima. Unser Körper benötigt dafür je nach Konstitution und Gewohnheit einen bis mehrere Tage. Das gilt sowohl für die **Anpassung bei der Anreise** als auch für die Akklimatisation unterwegs. Wer von Europa in einen der höher gelegenen Ausgangsorte für Trekking-Touren (z.B. La Paz in Bolivien auf 4.000 Meter) fliegt, benötigt dort einige Tage Zeit, um sich an die Bedingungen zu gewöhnen.

Auf der Tour muss die Anpassung an die Höhe durch langsames Annähern an größere Höhen geschehen. Grundsätzlich ist es ungünstig, sich mit der Seilbahn oder einem Fahrzeug in größere Höhen zu begeben und gleich loszulegen. Es empfiehlt sich, an solche Höhensprünge immer einen bis mehrere Anpassungstage zu hängen und dann erst zu starten.

Wenn es die Routenplanung ermöglicht, sind stärkere **Anstiege an aufeinander folgenden Tagen** zu vermeiden. Tage an denen man keine zusätzliche Höhe gewinnt, eventuell sogar etwas an Höhe verliert, sind ideal für die Höhenanpassung. Wer auf seiner Trekking-Tour mehrere Tage in Folge viel an Höhe zulegt, muss auf jeden Fall mindestens einen Rasttag einlegen.

Das tägliche Höhenpensum

Wie viel Höhenmeter man sich an einem Tag zutrauen darf, lässt sich nur schwer pauschalisieren. Ausgehend von 300 Höhenmetern pro Stunde, die ein durchschnittlicher Geher bewältigen kann und einer Gehzeit von ca. 6 Stunden, ergibt sich ein möglicher Höhengewinn von fast 2.000 Metern. Damit ist ein Tagespensum erreicht, das ich nur noch einem geübten Geher zutraue.

Wer nicht gleich an seine Leistungsgrenze gelangen möchte, wird sich mit einem **Tagesmaximum von 1.500 Metern** zufrieden geben. Werden bei den Anstiegen Höhen deutlich über 3.000 Meter erreicht, ist grundsätzlich Vorsicht geboten, denn ab diesen Höhen ist verstärkt auf die Höhenanpassung zu achten. Achtung! Folgende Symptome weisen auf mangelnde Höhenanpassung hin:

- Kopfschmerzen
- Kurzatmigkeit
- Ermattung
- Übelkeit
- Bei Pausen stellt sich keine Erholung ein.

Gehen in schwierigem Gelände

Eine Trekking-Tour findet meist in bergigem Gelände statt. Das Gelände ist also immer als vergleichsweise schwierig anzusehen. Deshalb bedürfen Gehen im Fels, im Geröll, in Eis und Schnee, auf lockerem Untergrund wie Lavasand oder auf morastigem Untergrund der speziellen Erwähnung.

 Für das Gehen in schwierigem Gelände gilt der Grundsatz: **Umkehren, wenn die Grenzen der Leistungsfähigkeit erreicht sind.**

Gehen im Fels

Auf felsigem Untergrund muss jeder Schritt wohl überlegt gesetzt werden. Die Gefahr von Fußverletzungen ist hier wohl am größten.

Auf Tour

- **Die Trittstelle möglichst so wählen, dass die ganze Sohle aufsetzen kann.** Also nicht auf Kanten oder Spitzen treten, da sonst die Gefahr des Abrutschens besteht.
- **Schräge Flächen vermeiden.** Den Fuß möglichst flach aufsetzen. Das Profil eines guten Schuhes greift zwar meist sehr gut, aber schon ein kleines Steinchen, etwas Sand oder Feuchtigkeit kann die Griffigkeit drastisch reduzieren und zum Abrutschen führen.
- **Keine großen Schritte machen.** Lieber mal einen Zwischenschritt einlegen. Große Schritte sind weitaus anstrengender und die Gefahr des Abrutschens ist größer, da man länger auf nur einem Bein steht.
- Im steileren Gelände ruhig **die Hände zur Hilfe nehmen** (Handschuhe!), aber nur zur Stabilisierung. Sich nicht mit den Armen hochziehen.
- **Beim Abstieg im steilen Fels** mit dem Rücken zum Tal langsam Tritt für Tritt suchen und mit den Händen stabilisieren.

Gehen im Sand

Beim Gehen in Sand, in den Bergen meist in Lavasand oder Gletschersand, kommt es darauf an, festen Halt zu finden.

- **Schuhwerk gut verschnüren** und ggf. mit **Gamaschen** gegen „Sand im Schuh" schützen.
- **Beim Anstieg in Sand Trittstufen treten,** um wenigstens den Nachkommenden den Anstieg zu erleichtern.
- **Beim Anstieg nicht senkrecht gehen,** sondern einen Serpentinenweg einschlagen.
- **Beim Abstieg in Sand in den Tritt hinein sinken** und mit der Sandmasse den Hang „hinunter schwimmen". Auf „Mitschwimmer" achten!

Gehen im Geröll

Geröll birgt eine besonders tückische Art des Gehens im Berg. Je nach Körnigkeit kann das Gehen im Geröll angenehm oder schweißtreibend sein. Hier kommt es auf das richtige Setzen des Tritts an.

- **Vorsicht beim Setzen jedes Schrittes,** vor allem bei grobem Geröll. Es gibt keine flachen Stellen und das Material ist locker.
- **Große Geröllbrocken für den Tritt wählen,** die am ehesten Halt bieten können.
- **Beim Anstieg und Abstieg in feinem Geröll** gilt das Gleiche wie bei Sand.
- Im gerölligen Gelände darauf achten, **keinen Steinschlag oder Gerölllawinen auszulösen.**

Auf Tour

063r Abb.: gs

◄ *Klettereinlagen sind beim Trekken eher die Ausnahme*

Gehen in Schnee und Eis

Sind ausgedehnte Passagen in Schnee und Eis zu erwarten, muss auf jeden Fall die entsprechende Ausrüstung wie Pickel, Steigeisen, Stöcke oder Seil mitgeführt werden. Aber auch ohne diese Ausrüstung ist die Querung eines Schneefeldes oder eines kleinen Gletschers durchaus denkbar. Hierbei sind größte Vorsicht und Sorgfalt beim Setzen jedes Tritts angesagt.

In solchen Fällen bieten **Grödeln** eine Erleichterung. Das sind kleine und leichte vierzackige Steigeisen, die an den Schuh geschnallt werden. Mit ihrer Hilfe ist die Trittsicherheit in Schnee und Eis deutlich verbessert.

- ⚠ **Fuß nie schräg aufsetzen.** Immer versuchen Trittstufen zu bilden. Notfalls Trittstufen mit der Schuhspitze oder dem Absatz in den Schnee oder das Eis hämmern.
- ⚠ **Bei unsicherem Untergrund** sich Schritt für Schritt vorwärts tasten und bei jedem Schritt die Festigkeit erneut testen.
- ⚠ **Jedes auch nur kurze Rutschen vermeiden.** Denn einmal ins Gleiten gekommen, hält einen oft nichts mehr auf.
- ⚠ **Wenn möglich angeseilt gehen.** Dabei geht immer nur einer, die anderen sichern!

Sollten Sie trotz aller Vorsicht ins Rutschen geraten:

- ⚠ Versuchen Sie die **Schuhabsätze oder Schuhspitzen in den Schnee zu rammen.**
- ⚠ **Schützen Sie vor allem Gesicht und Kopf.**
- ⚠ Rutschen Sie nicht blind, sondern versuchen Sie Ihre **Gleitpartie zu steuern** und Hindernissen auszuweichen.

◄ Hier sind Wanderstöcke Gold wert

Gehen auf morastigem Untergrund

Sümpfe, Moore oder nur überschwemmte Wiesen gehören zum Alltag auf vielen Trekking-Touren. Manchmal trennen einen nur wenige Meter vom sicheren Untergrund auf der anderen Seite.

- **Sich niemals blind in das unbekannte Terrain hineinwagen.** Der nächste Schritt könnte der letzte sein.
- **Jeden Schritt vorsichtig antesten.** Notfalls mit den Wanderstöcken unter der Oberfläche nach Steinen, Wurzeln oder ähnlichen Dingen stochern, die Halt geben könnten.
- **Die Gegend genau in Augenschein nehmen.** Oft gibt die Vegetation (Büsche, Polsterpflanzen) Aufschluss darüber, wo fester Boden erreichbar ist.
- Bauen Sie sich an entscheidenden Stellen **mit stabilen Ästen Tritthilfen.**

Packen und Tragen

Wie schwer darf der Rucksack eigentlich sein? Natürlich so leicht wie möglich, aber so schwer wie nötig. Was alles nötig ist, wird in den Kapiteln über Ausrüstung, Kleidung etc. ausgeführt. Die Erfahrung zeigt, dass es die verzichtbaren „Luxusgüter" sind, die den Rucksack unnötig schwer werden lassen.

Das Gewicht

Für eine Trekking-Tour von mehreren Tagen sollte die **Gewichtsobergrenze bei 15 Kilogramm** liegen. Bis 20 Kilogramm geht der Spielraum, in dem man noch von angenehmem Tragen sprechen kann. Über 20 Kilogramm wird das Tragen zur Schinderei. Nach allen Erfahrungen ist ein Gewicht zwischen 15 und 20 Kilogramm realisierbar. Hier einige Regeln, überflüssiges Gewicht zu reduzieren:

- **Proviant nicht in Dosen und Gläsern lassen.** Weithalsflaschen (Fachhandel) sind hierfür weitaus besser geeignet und leichter.
- **Nicht zu viel Ersatzkleidung.** Man kann unterwegs auch mal Wäsche waschen.
- **Kann man unterwegs einkaufen?** Proviantmenge darauf abstimmen.
- **Immer nur so viel Wasser mitnehmen, wie für den Tag nötig ist.**
- **Keinen wasserhaltigen Proviant mitnehmen.** Trockenobst hat den gleichen Nährwert.
- **Die Ausrüstung den Bedingungen auf der Tour anpassen.** Keinen High-Tech-Schlafsack, wenn es ein einfacher auch tut.
- **Tour-Beschreibung in Kopien mitnehmen,** nicht das ganze Buch.
- **Waschmittelmenge** genau auf den Bedarf abstimmen und entsprechend abfüllen.

Tipps zum richtigen Packen

- Breiten Sie alle Einzelteile unverpackt vor sich aus. Gehen Sie dann jedes Teil einzeln durch und überlegen Sie, wie oft Sie dieses Teil benötigen, wie wahrscheinlich sein Gebrauch ist, wie notwendig es ist und ob es durch ein anderes Teil zu ersetzen ist. Sortieren Sie jetzt schon mal einiges aus.

- Bilden Sie danach Gruppen von Utensilien:
  1. absolut Notwendiges (Regenponcho, Zelt usw.),
  2. Dinge, auf die Sie ungern verzichten wollen (Tagebuch, Ersatzpullover usw.),
  3. Utensilien, auf die man während ein paar Tage Trekking auch mal verzichten kann (Walkman, Kopfkissen usw.).

- Packen Sie die notwendigen Utensilien ein, nehmen Sie die wichtigsten der nahezu unverzichtbaren hinzu und wiegen Sie den Rucksack. Wie viel fehlt zu 15 Kilogramm?

- Wählen Sie jetzt aus dem Rest das aus, was noch möglich ist, um im Gewichtslimit zu bleiben. Sie werden feststellen, ganz zum Schluss kommen sowieso noch ein paar Utensilien dazu. Sie haben dann vielleicht 17 Kilogramm und damit lässt es sich gut laufen.

- Im Zweifel **erst den „schweren" Proviant** verbrauchen.
- Ausrüstungsgegenstände für die Allgemeinheit (Zelt, Kocher, Proviant) auf alle gleichmäßig verteilen. Manche Dinge werden nur einmal in der Gruppe benötigt. **Untereinander abstimmen,** wer was davon mitbringt.

Den Rucksack richtig packen

15 Kilogramm sind nicht gleich 15 Kilogramm. Die Art und Weise, wie der Rucksack gepackt ist, macht einen immensen Unterschied. Ein gut gepackter und gut am Körper positionierter Rucksack gehört zu Ihnen wie ein Körperteil, das Sie erst beim Absetzen vermissen. Deshalb sollten beim Packen einige Punkte beachtet werden:

- **Kantige oder spitze Gegenstände** besonders gut einpacken. Vorsicht, dass sie nicht durchscheuern. Im Rucksack so platzieren, dass sie nicht am Rücken drücken.
- **Leichte oder voluminöse Gegenstände** tief unten oder weiter vom Körper entfernt einpacken (z.B. Schlafsack).
- **Schwere Gegenstände** nah am Körper und in die obere Rucksackhälfte verpacken, aber nicht zu hoch, damit Sie in schwierigem Gelände kein Übergewicht bekommen.
- **Gewicht symmetrisch** nach rechts und links verteilen.
- **Zusammengehörige Gegenstände,** wie Verpflegung, Regenbekleidung, Nachtutensilien jeweils in einem Packsack oder Nylonbeutel zusammenpacken.
- **Farbige Packsäcke** erleichtern die Orientierung im Rucksack.
- **Möglichst wenige Teile außen am Rucksack** befestigen. Diese pendeln, machen den Rucksack instabil, bleiben hängen oder werden nass.
- **Den täglichen Bedarf** (Tagesverpflegung, Kompass, Regenponcho) in den Außentaschen, im Deckelfach oder ganz oben im Rucksack unterbringen
- **Sperrige Gegenstände,** wie Wanderstöcke, können außen am Rucksack befestigt werden

Den Rucksack richtig tragen

Wenn der Rucksack richtig gepackt ist, müssen Sie ihn nur noch richtig an den Körper anschmiegen, damit der Tragekomfort optimal wird.

- *Stellen Sie den Rucksack mit der Rückseite vor sich auf den Boden.*
- *Nehmen Sie ihn bei den Trageriemen und setzen Sie ihn auf dem leicht angewinkelten Knie ab. Ob links oder rechts kommt auf Sie an.*
- *Schlüpfen Sie jetzt mit dem Arm der Knieseite durch den entsprechenden Trageriemen.*
- *Mit einem kleinen Schwung bringen Sie jetzt den Rucksack auf den Rücken und schlüpfen mit dem zweiten Arm durch den zweiten Trageriemen.*
- *Jetzt lagert das Gewicht auf Ihren Schultern.*
- *Lockern Sie die Schnalle des Hüftgurt so weit, dass Sie diese leicht verschließen können.*
- *Jetzt ziehen Sie den Hüftgurtes so weit zu, dass er sich eng um Ihre Hüften legt.*
- *Noch etwas mit den Hüften schaukeln und nochmals nachziehen.*
- *Das Gewicht des Rucksacks muss jetzt auf Ihren Hüften liegen.*
- *Ziehen Sie jetzt die Stellriemen an den Trageriemen, die den Abstand zum Körper regulieren. Dadurch wird der Rucksack zum Körper gezogen.*
- *Beim abwärts Gehen sollten Sie diese Stellriemen etwas lockern.*

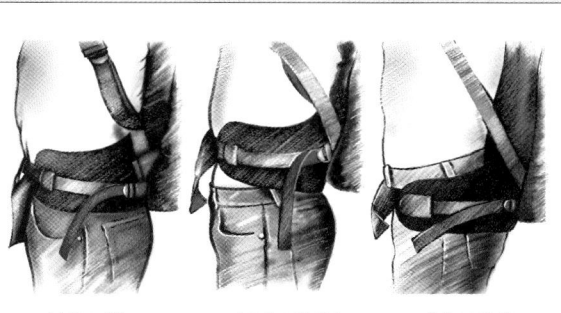

richtiger Sitz
auf dem Hüft-
knochen

zu hoch: schnürt
den Bauch ein

zu tief: engt die
Gesäßmuskulatur ein

Auf Tour

Wahl der Bekleidung unterwegs

Sie haben alles eingepackt, was Sie auf Ihrer Trekking-Tour benötigen. Für Kälte, für Hitze, gegen Regen, Schnee und Wind. Jetzt gilt es nur noch, das entsprechende Kleidungsstück auch richtig zum Einsatz zu bringen. Der Grundsatz heißt einfach, sich vor den Einwirkungen von Sonne, Wind und Wetter rechtzeitig zu schützen und nicht erst wenn es zu spät ist.

Im Kapitel „Bekleidung" wurde das Schicht- oder Schalenprinzip der Trekking-Kleidung beschrieben. Dieses muss jetzt in die Praxis umgesetzt werden.

Bekleidung unterwegs anpassen

Tragen Sie immer maximal so viele Schichten wie nötig. Machen Sie ruhig nach den ersten 15 Minuten, wenn Sie sozusagen auf „Betriebstemperatur" sind, eine Pause und legen Sie den Fleece ab. Sie können ihn dann bei der ersten längeren Pause wieder darüberziehen, um ein Auskühlen zu vermeiden.

- **Kleiden Sie sich immer so, wie es die Witterungsverhältnisse erfordern.** Denn sind Sie beispielsweise erst einmal durchnässt, kann es tagelang dauern, bis Sie wieder alles trocken bekommen.
- **Die Gamaschen gleich anlegen,** wenn ein Schneefeld gequert wird und nicht erst, wenn die ersten Schneebrocken in die Stiefel gerutscht sind und die Socken nass werden.
- **Sich rechtzeitig vor Wind schützen** (Überjacke). Im überhitzten Zustand merkt man oft erst zu spät, dass man vom Wind völlig ausgekühlt wird.
- **Grundsätzlich eine Kopfbedeckung tragen.** Die Sonne in den Bergen ist sehr kräftig, was nicht nur mit Sonnenbrand sondern sogar mit Sonnenstich (Übelkeit, Ermattung) enden kann.
- **Kleidungsstücke, die später am Tag benötigt werden,** gleich in Reichweite einpacken.

100

Offenes Feuer

Offenes Feuer ist vielerorts nicht gern gesehen oder sogar verboten. Gerade in der trockenen Jahreszeit kann akute Brandgefahr herrschen. Halten Sie sich deshalb an die Vorgaben und Empfehlungen von Parkrangern oder Einheimischen. Für ein offenes Feuer gibt es einige wichtige Sicherheitsregeln:

- **Kein Feuer anzünden, wenn starker Wind** die Kontrolle über den Funkenflug unmöglich macht.
- **Bereits vorhandene Feuerstellen benutzen,** damit nicht die ganze Landschaft von Feuerstellen durchpflügt ist.
- Die Feuerstelle vorher **von anderem brennbarem Material säubern.**
- **Sammeln Sie Ihr Brennmaterial umweltschonend.** Nicht ganze Bäume abholzen, sondern sich mit dem begnügen, was schon zu Boden gefallen ist.

Literaturtipp
Denjenigen, die des Feuermachens nicht besonders kundig sind, empfehle ich: „Outdoor-Praxis" von Rainer Höh, Reise Know-How Verlag, ISBN 3-89416-629-0

Auf Tour

▼ *Am Lagerfeuer wird gut gekocht und viel erzählt*

025tr Abb.: gs

⚠ **Kein Sonnwendfeuer** veranstalten. Das Feuer nur so groß anlegen, wie es zum Kochen oder Wärmen benötigt wird.

⚠ Bei der **Wahl der Feuerstelle** auf die Windrichtung und die Lage zum Zelt achten. Der Funkenflug schmilzt schnell Löcher in die Zeltwand.

⚠ Das Feuer **nicht direkt unter einem Baum** einrichten, dieser könnte durch die permanente Hitze selbst Feuer fangen.

⚠ **Das heruntergebrannte Feuer** nicht einfach über Nacht liegen lassen. Löschen Sie es gut. Am besten mit Wasser und mit Sand.

⚠ Wenn Sie doch eine **neue Feuerstelle** angelegt haben, versuchen Sie diese am nächsten Tag wieder möglichst in ihren Urzustand zu bringen.

Baden in fremden Gewässern

Der Tag war anstrengend, der Körper ist schweißnass. Ein Tümpel mit kühlem Nass lädt zur Erfrischung ein. Kann man einfach hineinhüpfen oder können dort Gefahren lauern?

Vom Grundsatz her ist gegen das Baden in Flüssen, Seen und Teichen auf Trekking-Touren nichts einzuwenden. Aber eine gewisse Vorsicht und Umsicht sollten Sie walten lassen.

⚠ Vor allem in stehenden Gewässern der Tropen und Subtropen muss mit **Bilharziose** (Würmer) gerechnet werden. Bilharziose ist nach Malaria die am weitesten verbreitete Krankheit in den Tropen. Sie können sich dagegen nur schützen, indem Sie nicht in stehendes Süßwasser gehen, das heißt auch nicht durch dieses waten. Sollte sich ein Durchwaten nicht vermeiden lassen, behalten Sie Schuhe und lange Hosen an und wechseln Sie die Kleidung danach.

⚠ In stehenden Gewässern muss immer mit **Parasiten** gerechnet werden. Diese werden in der Regel zwar nicht durch den bloßen Kontakt mit dem Wasser übertragen, Sie sollten aber acht geben, dass Sie das Wasser nicht ungefiltert trinken bzw. durch offene Wunden aufnehmen.

▼ *Beim Bad im Wildbach ist Vorsicht geboten*

O3dir Abb.: gs

⚠ **Bei fließenden Gewässern** liegen die Hauptgefahren in:
- der meist **geringen Temperatur,** die dem Kreislauf nicht behagen könnte;
- **der starken Strömung,** die man keinesfalls unterschätzen darf. Ein schäumender Bergbach hat eine unwahrscheinlich große Wucht;
- **der Schwierigkeit,** in dem steinigen Bachbett **Halt zu finden.** Man kann schnell wegrutschen und sich beim Sturz verletzen.

Auf Tour

Wahl des Zeltplatzes

Eine der täglichen Herausforderungen ist die Wahl des Zeltplatzes. Ein idealer Zeltplatz macht den Abend und die Nacht zum Genuss, ein schlechter kann sie zur Qual werden lassen.

Eine gute Tourenbeschreibung enthält Empfehlungen für geeignete Lagerplätze. Wer selbst nach dem Zeltplatz suchen muss, sollte dafür etwas Zeit einkalkulieren. Rückt das gesteckte Tagesziel näher, beginnt die Phase des Ausschau Haltens. Zweigen Sie auch ruhig mal etwas vom Weg ab und gehen Sie im Zweifel wieder ein paar Schritte in die Richtung zurück, aus der Sie gekommen sind. Nehmen Sie sich Zeit, denn die Entscheidung will wohl überlegt sein.

An den Zeltplatz sollten folgende Anforderungen gestellt werden:

- Die **Fläche** sollte wenigstens etwas größer sein als die Grundfläche des Zeltes, damit auch die Abspannleinen problemlos untergebracht werden können.

- Der Untergrund sollte **möglichst eben** sein und **keine harten und spitzen Gegenstände** aufweisen. Notfalls störende Steine ausgraben und die Löcher mit Erde, Gras oder Laub auffüllen.

- Wenn die Fläche abschüssig ist, ist das Zelt so zu platzieren, dass das **Kopfende höher liegt als das Fußende.**

- Das Zelt so positionieren, dass davor ein **kleiner Vorplatz** entsteht, auf dem Sie kochen oder abends noch sitzen können.

- Das Zelt nach Möglichkeit so drehen, dass der **Eingang nach Osten** schaut und Sie die Morgensonne weckt.

- Ist mit **schlechtem Wetter** zu rechnen, sollte der Eingangsbereich möglichst von der Wetterseite abgewandt sein.

- Nutzen Sie jeden **Schutz, den Ihnen die Natur bietet.** Verstecken Sie Ihr Zelt hinter Felsen, in Mulden oder hinter Büschen. Beachten Sie aber, dass Sie nicht in einem potenziellen Wasserloch sitzen.

- In der Nähe sollte sich eine **Wasserstelle,** am günstigsten ein fließendes Gewässer befinden. Beachten Sie aber, dass ein Bach bei Regen nachts über die Ufer treten kann. Halten Sie also einen Sicherheitsabstand.

- Wählen Sie keine Stelle, die Spuren einer **Vieh- oder Wildtränke** aufweist. Sie könnten am Morgen inmitten einer Rinderherde aufwachen.

- Wählen Sie Stellen, an denen bereits sichtbar **andere Trekker** genächtigt haben und benutzen Sie deren Feuerstellen.

Wenn Sie den Zeltplatz verlassen, sollte er so aussehen, wie Sie ihn angetroffen haben. Lassen Sie nichts zurück. Kompostierbare Abfälle werden vergraben. Andere Abfälle werden mitgenommen. Stellen Sie sich am besten vor, wie Sie den Zeltplatz selbst wieder antreffen möchten.

▼ *Morgenidylle am Lagerplatz*

Auf Tour

Begegnungen unterwegs

Auf einer Trekking-Tour treffen Sie in der Regel zwei Typen von Menschen. Einheimische und andere Trekker, also vermutlich Gleichgesinnte. Wenn Sie sich nicht gerade auf einem der überlaufenen Treks befinden, wo Sie permanent anderen Menschen begegnen, gilt eine ungeschriebene Höflichkeitsregel: Jeder, den man unterwegs trifft, ist ein kurzes Gespräch oder zumindest einen Gruß wert. Von anderen Trekkern können Sie sich Tipps holen, z.B. über den Weg oder geeignete Zeltplätze, bei Einheimischen können Sie wenigstens deren verständliche Neugierde befriedigen und eventuelle Vorbehalte abbauen.

Umgang mit Einheimischen

Vor allem auf den Trekking-Touren in Südamerika, Afrika und Asien werden Sie häufig von den Bergbewohnern mit Skepsis und zurückhaltender Neugierde empfangen. Für sie ist die Bergwelt nicht nur ihr Zuhause, sondern die Quelle ihres täglichen Auskommens. Sie leben von dem, auf dem Sie vielleicht achtlos herumtrampeln. Begriffe wie Bergerlebnis oder Urlaub existieren nicht in ihrer Welt. Entsprechend können sie sich auch nicht vorstellen, dass jemand nur zum Spaß tagelang durch die Berge wandert und sich an der Natur erfreut. Zeigen Sie diesen Menschen gegenüber immer Respekt und nehmen Sie Rücksicht auf ihre Bräuche und Sitten. Es kann auch durchaus passieren, dass Sie als Eindringling angesehen werden. Seien Sie behutsam im Umgang mit den Menschen.

Trotz aller Offenheit den Einheimischen gegenüber, sollten Sie immer ein **gesundes Maß an Vorsicht** walten lassen. Vor allem in Gegenden, durch die Hauptrouten des Tourismus führen, sind die Einheimischen durch die häufige Begegnung mit Touristen durchaus geprägt. Sie wissen, dass man von dem, was wir am Körper tragen, problemlos ein

▶ *Nur mit Hilfe der Viehtreiber konnten wir die Bachüberquerung meistern*

ganzes Jahr leben kann. Trotz aller möglichen Gefahren, die von Einheimischen ausgehen können, habe ich die Erfahrung gemacht, dass die größten Gefahren von anderen Reisenden ausgehen. Gerade in Gegenden, die touristisch gut besucht sind, ist es wahrscheinlicher, dass Ihnen ein anderer Tourist etwas klaut, als ein Einheimischer.

In Regionen mit **politischen oder ethnischen Konflikten** kann die Situation sehr schnell ernst werden. Grundsätzlich sollte man diese Gegenden meiden, aber oft sind die Informationen in der Heimat nicht ausreichend, um die Situation vor Ort richtig einschätzen zu können. Sind Sie schon auf Tour, lassen Sie die entsprechende Vorsicht walten.

Literaturtipp
Matthias Faermann, „Schutz vor Gewalt und Kriminalität unterwegs", Reise Know-How Verlag, Reihe Praxis ISBN 3-89416-756-4

Auf Tour

Regeln für den Umgang mit Einheimischen

- *Machen Sie sich vor der Reise mit den Sitten des Landes vertraut. So verstehen Sie die Menschen leichter.*
- *Erlernen Sie wenigstens einige Redewendungen in der Sprache der Einheimischen. Sie werden staunen, wie dies gleich Türen öffnet.*
- *Seien Sie nicht arrogant. Nicht alles, was in Mitteleuropa gut ist, ist für den Rest der Welt das Richtige.*
- *Gehen Sie offen auf die Menschen zu. Lassen Sie niemanden einfach stehen. Ich habe schon viele wichtige Informationen dadurch erhalten, dass ich mich mit den Einheimischen am Wegesrand kurz unterhalten habe.*
- *Seien Sie bei aller Offenheit nicht aufdringlich und verletzen Sie die Privatsphäre der Menschen nicht.*
- *Achten Sie auf Ihre Körpersprache und Ihre Mimik. Andere Länder andere Sitten. Sie können durch manche schroffe Aktion die Menschen erschrecken oder verletzen.*
- *Laden Sie Fremde auf einen Becher Tee ein, wenn Sie die Möglichkeit haben.*

Umgang mit anderen Trekkern

Je nach Tour ist die Begegnung mit anderen Trekkern mehr oder weniger häufig. Wer rund um den Annapurna wandert oder auf dem GR20 Korsika durchquert, wird so **vielen anderen Wanderern** begegnen, dass man ihnen kaum mehr als einen freundlichen Gruß entgegen bringen kann. In solchen Gegenden gilt es, freundlich miteinander umzugehen, aber auch Vorsicht walten zu lassen. Die Erfahrung zeigt, dass vielerorts nicht die Einheimischen die Taschenlampe benötigen, die vor dem Zelt liegen geblieben ist, sondern andere Trekker.

Ganz anders die Situation auf **Trekking-Touren abseits jeder Zivilisation,** wo jedes Zusammentreffen mit anderen Menschen ein Ereignis ist. Hier ist der Erfahrungsaustausch Gold wert. Man gibt Tipps weiter, z.B. für ideale Übernachtungsplätze, den richtigen Weg oder irgendwelche Wegschwierigkeiten. Wenn man Hilfe braucht, sollte man sie jederzeit von anderen Trekkern bekommen und im umgekehrten Fall selber leisten.

018tr Abb. g5

▶ *Kochen unter freiem Himmel*

Verpflegung auf der Tour

Allgemeine Verpflegungsregeln

Das tägliche Wohlbefinden auf der Tour hängt zu einem nicht unerheblichen Maße von der Verpflegung ab. Die Freude auf die abendliche Mahlzeit lässt einen die letzten zwei Stunden noch etwas beschwingter wandern. Bei der Verpflegung gilt es, den Spagat zwischen Geschmack, Nährwert und Gewicht hinzubekommen.

Auf Tour

- **Wasserhaltigen Proviant** (z.B. frisches Obst und Gemüse) **möglichst vermeiden.** Das heißt aber nicht, dass Sie völlig darauf verzichten müssen. Aber Sie müssen es tragen. Ich habe gern Zwiebeln und Knoblauch dabei, schon allein, weil der Duft des Anbratens die Tragerei lohnt.
- **Fertiggerichten und Instant-Nahrung** den Vorzug geben (z.B. Suppen).
- **Einkaufsmöglichkeiten auf der Tour** berücksichtigen. Eier, Brot, Nudeln etc. gibt es meist überall.
- **Essensmengen vernünftig kalkulieren.** Überlegen Sie genau, was Sie unterwegs brauchen. Berücksichtigen Sie ein oder zwei Notfalltage mehr, aber kalkulieren Sie nicht gleich für den ganzen Monat.
- **Persönliche Vorlieben berücksichtigen.** Also zwingen Sie sich nicht täglich zu einer Speise, die Ihnen nicht liegt.
- Wenn Sie nicht gerade auf einer speziellen Survival-Tour sind, sollten Sie **Naturnahrung** (Beeren, Pilze, gefangene Fische etc.) **nicht fix einplanen.** Nehmen Sie dies als willkommene Ergänzung.
- Möglichst **nichts mitnehmen, was schnell verderben kann.** Wichtig dafür ist vor allem, dass

109

der Proviant gut verpackt ist. Trockennahrung darf keine Feuchtigkeit aufnehmen. Dinge wie Butter, Käse oder Speck müssen gut verpackt und möglichst kühl gelagert werden. Am Lagerplatz werden sie in ein feuchtes Tuch gewickelt, um die Verdunstungskälte zu nutzen.

Die täglichen Mahlzeiten

Ich habe im Kapitel „Proviant" bereits aufgelistet, was ich mitnehmen würde. Im Folgenden will ich beschreiben, wie ich mich selbst auf meinen Touren verpflege. Nehmen Sie es als Empfehlung und variieren Sie es nach Ihrem persönlichen Geschmack.

Das Trekking-Frühstück

Das Frühstück sollte genügend Energie für den vielleicht harten Tag verleihen. Es steht aber auch unter dem zeitlichen Druck des morgendlichen Aufbruchs. Deshalb parallel agieren. Gleich nach dem Aufstehen das Teewasser aufsetzen. Packen und Utensilien zum Trocknen auslegen, während das Frühstück vorbereitet wird (Arbeitsteilung!).

Ideal für das Frühstück ist eine **Müslimischung** aus Haferflocken, Trockenfrüchten und Nüssen. Dazu von dem bereits kochenden Teewasser etwas abschöpfen und mit Milchpulver anrühren. Nach Geschmack mit Süßstoff abschmecken. Tee(-beutel) ziehen lassen und fertig ist das Frühstück.

Vesper unterwegs

Auch für die Verpflegung tagsüber gilt, möglichst viele Nährstoffe bei möglichst geringem Gewicht. Eine ausgedehnte Mittagsmahlzeit ist nicht empfehlenswert. Besser sind mehrere Pausen mit jeweils kleinen Snacks wie Müsliriegel, Trockenfrüchte oder Nüsse. Ich habe mir angewöhnt, ca. 1 kg Mischung aus Hasel-, Para- und Cashewnüssen sowie Mandeln auf eine Trekking-Tour mitzunehmen und tagsüber aus der Jackentasche zu knabbern. Bei ungünstigen Witterungsverhältnissen (Kälte, Regen) kann man sich auch zur Mittagszeit eine Suppe (Beutelsuppe) kochen.

Das opulente Abendmahl

Die Verpflegung am Morgen und tagsüber ist knapp und vielleicht etwas spartanisch gewesen. Das abendliche Mahl soll dies ausgleichen. Jetzt haben Sie Zeit und Muße, sich der Zubereitung eines opulenten Essens zu widmen. Die Kohlehydratspeicher Ihres Körpers lechzen danach, aufgefüllt zu werden.

Sie können sich mit Fertiggerichten speziell für Bergsteiger den Magen voll schlagen, ich empfehle aber die etwas gewichtsträchtigeren individuellen Gerichte. Grundsubstanz sollten Reis oder Nudeln sein. Dazu etwas Speck anrösten, mit Instant-Tomatenpulver (plus Wasser) ergänzen und eventuell mit Zwiebel oder Knoblauch und Corned Beef oder Thunfisch ergänzen. Gut würzen! Nie ausreichend Pfeffer, Salz, Curry, Chili und Paprikapulver vergessen. Eine Suppe davor und ein Müsliriegel danach machen daraus ein perfektes Drei-Gänge-Menü.

Getränke

Abgesehen vom morgendlichen Tee und der Suppe tagsüber, basiert die Getränkeverpflegung auf Wasser. Selbst pures Wasser kann den Wanderdurst löschen und den Flüssigkeitsverlust ausgleichen. Durch den Zusatz von Mineraldrink-Pulver können Sie den Verlust an Mineralstoffen gut ausgleichen.

Ein Liter Wasser wiegt ein Kilogramm. So wichtig es auch sein mag, immer ausreichend Flüssigkeit mit sich zu führen, übertreiben Sie es nicht. Studie-

Auf Tour

Wasserreinigung

Auch wenn in den Bergen nicht mit chemischen und menschlichen Verunreinigungen der Bäche zu rechnen ist, kann es doch durch Fäkalien von Vieh auf Weiden verunreinigt sein. Deshalb ist Wasser immer zu entkeimen. Dafür gibt es mehrere Methoden:

- ***Wasser abkochen:*** *Eine an sich zuverlässige Methode, die allerdings im täglichen Einsatz unpraktisch ist. Da das Wasser 10 Minuten sprudelnd gekocht werden muss, wird viel Energie verbraucht. In größeren Höhen wird die Methode weniger zuverlässig, da Wasser bereits bei Temperaturen deutlich unter 100 °C kocht und somit nicht mehr alle Keime abgetötet werden. Außerdem bleiben beim Abkochen natürlich alle Schwebstoffe im Wasser enthalten.*
- ***Chemische Mittel:*** *Die im Handel erhältlichen Präparate basieren in der Regel auf Chlor oder Jod. Es gibt sie als Tabletten, Pulver oder in flüssiger Form. Sie erreichen in der Regel einen ausreichenden Wirkungsgrad. Ich verlasse mich seit Jahren auf ein flüssiges Mittel.*
- ***Filter:*** *Wasserfilter sind wohl die effektivste und sicherste Form der Wasserreinigung. Allerdings ist diese Methode kostspielig (Anschaffung, Wartung), kompliziert und aufwändig.*

ren Sie Ihre Wanderkarte ausführlich. Solange Sie entlang eines Baches laufen, ist es nicht notwendig, mehr als eine gefüllte Flasche mit sich zu tragen. Vorsicht ist allerdings beispielsweise bei Passüberquerungen geboten. Oftmals dauert es Stunden, bis Sie wieder in die Reichweite eines Gewässers gelangen. Außerdem haben Sie in großer Höhe einen mindestens zwei- bis dreifach so hohen Flüssigkeitsverbrauch.

Umgang mit Abfall

Müllvermeidung

Wer mit Proviant unterwegs ist, wird automatisch Abfall produzieren. Deshalb ist es oberstes Gebot, möglichst wenige Dinge mitzunehmen, die Abfall verursachen können. Füllen Sie beispielsweise den Proviant vor der Tour in Weithalsflaschen, Proviant-dosen oder Squeeze-Tuben ab. Es ist wie im richtigen Leben: Der beste Weg ist die Müllvermeidung. Dann braucht man sich über die Entsorgung keine Gedanken machen.

Mülltrennung

Trotz bester Vorbereitung wird Abfall anfallen. Da gilt es den Müll zu trennen. Was wird in der Natur verrotten, was nur rosten oder ewig liegen bleiben?

Kompost-Müll: Alle natürlichen, kompostierbaren Abfällen müssen nicht weitergetragen werden. Verarbeiten Sie es vor Ort. Wenn gerade das Lagerfeuer lodert, können Sie es darin verbrennen. Ansonsten können Sie es verbuddeln oder geringste Mengen auch mal dem Bach übergeben. Vermeiden sollten Sie, die Küchenreste einfach hinter den nächsten Busch zu werfen, denn beim nächsten starken Windstoß fliegen dann die Zwiebelschalen quer über die Wiese.

Transport-Müll: Vor allem nicht verrottbarer Müll sollte konsequent vermieden werden. Für Dosen, Plastikverpackungen oder Gläser (die auf Grund ihres Gewichts sowieso zu Hause bleiben sollten), gibt es nach der Benutzung nur einen Weg: komprimiert zurück in den Rucksack und hinunter bis in die nächste große Siedlung. Lassen Sie diesen Müll auch nicht bei irgendwelchen Hütten unterwegs zurück, denn die Bauern vor Ort können damit auch nicht mehr anstellen, als es auf die Müllkippe zu werfen.

Orientierung

Einleitung

Orientierung ist ein wichtiges Kapitel für alle, die sich in der Wildnis, in den Bergen oder sonst wo außerhalb oder am Rande der Zivilisation bewegen. Es gibt mehrere Möglichkeiten von der einfachen Sichtorientierung bis zum ↗GPS.

GPS:
Global Positioning System, satellitengestützte Navigation

Wie man sich im einzelnen Fall orientiert, hängt vom Gelände ab. Auf den üblichen Trekking-Touren, auf denen man einem meist sichtbaren Pfad folgt, genügt in der Regel die Orientierung an Landschaftsmarken in Kombination mit einer Karte oder der Tourenbeschreibung. In 99 von 100 Fällen war dies auf meinen Touren bisher ausreichend. Aber leider ist es der eine von 100 Fällen, der jederzeit eintreten kann und auf den man sich vorbereiten muss.

Literaturtipps Orientierung
Rainer Höh: „Orientierung mit Kompass und GPS", ISBN 3-89416-755-6.

Rainer Höh: „GPS Outdoor-Navigation", ISBN 3-89416-762-9

Ich kann im Folgenden nur die wichtigsten Grundsätze der Orientierung beschreiben und verweise jeden, der tiefer in dieses Thema einsteigen will, auf die speziellen Titel aus der Praxis-Reihe.

Wolfram Schwieder: „Richtig Karten lesen", ISBN 3-89416-753-X

Einfache Orientierung im Gelände

Alle Titel Praxis-Reihe, Reise Know-How Verlag

Die übliche Vorgehensweise setzt halbwegs gute Sichtverhältnisse voraus, eine Wanderkarte (eventuell eine topografische Karte, auf jeden Fall eine Karte mit Höhenlinien) und zur Sicherheit einen Kompass. Vom Start an verfolgen Sie den Weg auf der Karte mit. Auf diese Art wissen Sie jederzeit, wo genau (so genau wie das die Karte eben hergibt) Sie sich befinden. Mehrfach täglich sollte eine **Standortbestimmung zur Kontrolle** vorgenommen werden, auf jeden Fall an Stellen, die alternative Wegmöglichkeiten eröffnen.

1. Sie halten die Karte so vor sich, dass die gesamte sichtbare Umgebung auf der Karte erkennbar ist.
2. Sie Norden die Karte ein. Der obere Rand der Karte weist nach Norden. Norden in der Landschaft bestimmen Sie mit dem Kompass oder mit Hilfe der Sonne (und Uhr).
3. Sie halten die Karte so vor sich (oder legen sie auf den Boden), dass der obere Kartenrand nach Norden weist.
4. Jetzt suchen Sie markante Punkte im Gelände wie Täler, Flussläufe, Berge, Seen oder auch Ortschaften oder Straßen.
5. Wählen Sie wenigstens vier oder fünf solcher markanten Punkte in verschiedenen Himmelsrichtungen aus.
6. Peilen Sie jetzt über den von Ihnen vermuteten Standort auf der Karte die verschiedenen Landmarken an. Sie müssen alle gewählten Marken auf der Karte wiederfinden.
7. Wenn Sie bei der einen oder anderen gewählten Landmarke eine leichte Richtungsabweichung feststellen, korrigieren Sie den Standort auf der Karte entsprechend.
8. Wiederholen Sie die Schritte 6 und 7 so oft, bis Sie sich über Ihren aktuellen Standort sicher sind.

Orientierung

Permanente Standortbestimmung

Wer von Beginn an seinen Weg auf der Karte verfolgt hat, kann die einfache Orientierung im Gelände noch abkürzen:

- *Orientieren Sie die Karte an zwei, drei Geländepunkten.*
- *Kontrollieren Sie mit einem kurzen Blick auf die Sonne die Nordrichtung.*
- *Kontrollieren Sie, ob sich die Topografie Ihrer Umgebung mit dem vermuteten Standort auf der Karte deckt.*
- *Wiederholen Sie diesen Vorgang häufig am Tag.*
- *Wenn irgendwelche Zweifel auftauchen, führen Sie eine ausführliche Standortbestimmung durch.*

Nordbestimmung

Die Bestimmung der Nordrichtung ist die wichtigste Grundlage bei der Orientierung mit Karten. Man kann dabei den Kompass zur Hilfe nehmen oder sich an Himmelskörpern orientieren.

Norden in der Karte

Missweisung weltweit

Wie groß die Missweisung ist, hängt davon ab, wo auf dem Globus man sich befindet. Allgemein gesagt, nimmt die Missweisung zum Pol hin zu, durchaus abhängig davon, auf welchem Kontinent man sich befindet. Wer in Mitteleuropa, in Ostafrika, im Himalaya oder in den Anden zum Trekken geht, kann die Missweisung bei weniger als 5° Abweichung meist vernachlässigen. Anders in Kanada oder Grönland, wo bis zu 90° erreicht werden. Das heißt, der Kompass zeigt nicht nach Norden sondern nach Westen. Auch in Patagonien kann die Missweisung bis zu 15° erreichen.

Auf Landkarten ist Norden immer oben. Dieser Grundsatz ist sicherlich allen bekannt. Leider ist Norden nicht exakt dort, wohin Ihre Kompassnadel zeigt. Der Grund dafür liegt im Unterschied zwischen dem geografischen Nordpol und dem magnetischen Nordpol. Diesen Unterschied nennt man **Missweisung.**

Wenn Sie eine topografische Karte benutzen, finden Sie die Missweisung für das Kartenblatt auf dem Rand verzeichnet. Sollten Sie mit einer speziellen Wanderkarte oder Karten aus einem Trekking-Buch arbeiten, die diese Angaben nicht enthalten, sollten Sie sich vorher informieren.

Nordbestimmung mit Uhr und Sonne

Eine einfache und für viele Fälle ausreichende Methode der Nordbestimmung basiert auf Sonne und Analoguhr. Richten Sie den Stundenzeiger auf die Sonne aus, nehmen Sie den kleineren Winkel zwischen dem Zeiger und der Zwölf und halbieren ihn.

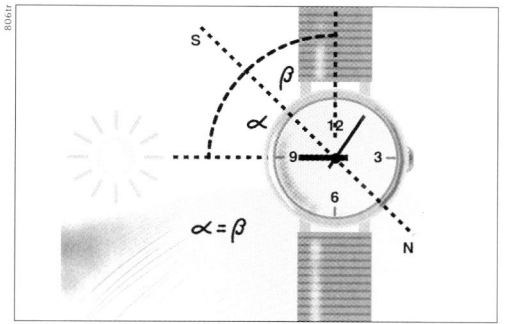

◀ Die Uhr als Kompass

Genau in dieser Richtung liegt Süden und gegenüber automatisch Norden. Bei dieser Methode müssen Sie beachten:

- Wurde in dem Gebiet, in dem Sie Trekken, die Uhr zur **Sommerzeit** um eine Stunde vorgestellt, müssen Sie die Uhr (zumindest gedanklich) um eine Stunde zurückdrehen.
- Die exakte Zeit einer Zeitzone stimmt nur an ihrem Hauptlängengrad. 15° Länge entsprechen dabei immer einer Stunde. Je nach dem wie weit man sich von diesem Hauptlängengrad entfernt befindet, muss die **lokale Zeit** entsprechend korrigiert werden, westlich davon zurück, östlich davon vor. Ein Längengrad entspricht vier Minuten.
- Auf der **Südhalbkugel** steht die Sonne mittags im Norden. Deshalb müssen bei der Bestimmung Nord und Süd miteinander vertauscht werden.
- **In den Tropen** zwischen den Wendekreisen ist die Methode so nicht tauglich, da die Sonne auf ihrem täglichen Weg kaum nach Norden oder Süden ausschlägt. Dafür steht sie hier vormittags immer im Osten, nachmittags im Westen.
- Haben Sie eine **Digitaluhr,** malen Sie sich die Zeiger entsprechend auf.

Orientierung

Nordbestimmung mit den Sternen

Auch wenn ich selbst in knapp 20 Trekking-Jahren zu diesen Mitteln der Nordbestimmung nicht greifen musste, so will ich sie doch zumindest kurz erwähnen.

Der Polarstern

Der Polarstern zeigt einem zuverlässig die Nordrichtung auf der Nordhalbkugel an. Er ist ziemlich leicht zu finden. Verlängert man die Hinterachse des Sternbildes Großer Wagen fünf Mal, trifft man genau auf ihn. Gleichzeitig ist er der vordere Stern an der Deichsel des Kleinen Wagens. Da er der einzig auffallend helle Stern in diesem Himmelsbereich ist, kann man ihn kaum verwechseln.

Das Kreuz des Südens

Wer auf der Südhalbkugel steht, wird vergeblich den Polarstern suchen. Der Sternenhimmel zeigt sich völlig anders. Im Gegensatz zum Nordhimmel gibt es am Südhimmel keinen Stern, der direkt im Himmelspol steht. Hier muss man sich einen imaginären Punkt denken, den man erreicht, wenn man die Längsachse des Kreuz des Südens 4,5 Mal verlängert und zwar in Richtung des Fußendes dieses Sternbildes. An diesem imaginären Punkt, der den südlichen Himmelspol verkörpert, kann man die Südrichtung festmachen.

Schattenmethoden

Wer aus irgendeinem Grund ohne Uhr und Kompass unterwegs ist, kann sich mit dem Sonnenschatten behelfen. Diese Methoden sind allerdings zeitaufwändig und nicht sehr genau. Suchen Sie eine waagerechte Fläche und stecken Sie einen Stab senkrecht in den Boden (gut fixieren):

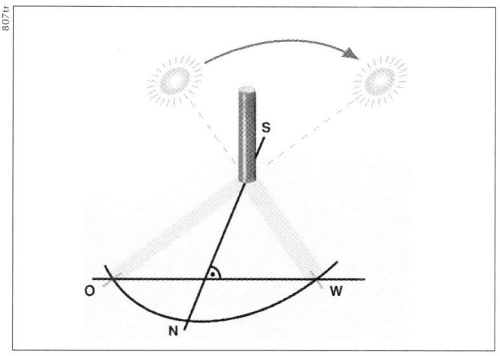

Bestimmung der Himmelsrichtung mit der Schattenmethode

- Markieren Sie immer wieder die Schattenspitze und warten Sie, bis diese am kürzesten ist. Jetzt steht die Sonne im Zenit, d.h. im Süden (Nordhalbkugel) bzw. auf der Südhalbkugel im Norden. Der Schatten zeigt nach Norden (auf der Südhalbkugel nach Süden). In den Tropen (zwischen den Wendekreisen) müssen Sie genau auf die Jahreszeit achten. Die Sonne steht im Nordsommer im Norden, wenn Sie den Zenit erreicht. Im Nordwinter steht sie im Süden.

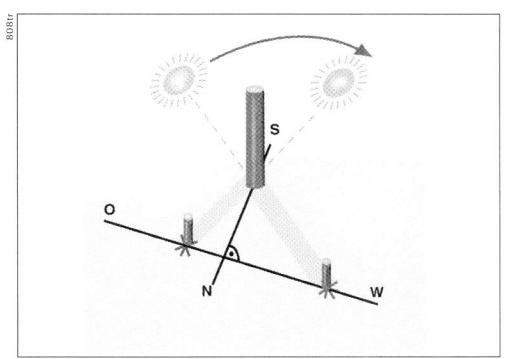

Bestimmung der Himmelsrichtung mit der Schattenspitzenmethode (s. Seite 122)

Orientierung

- Markieren Sie irgendwann vormittags die Schattenspitze und zeichnen Sie in diesem Radius einen Kreis um den Stab. Jetzt warten Sie, bis der Schatten irgendwann wieder länger wird, wieder den Kreis trifft und verbinden beide Punkte. Die Linie bildet die Ost-West-Richtung, wobei der erste Punkt vom Vormittag der westlichere Punkt ist.

Bewertung der Methoden

Ich bin auf meinen Trekking-Touren immer mit Sonne, Uhr und Kompass ausgekommen, ohne dabei differenziertere Peilungen durchführen zu müssen. Das gesamte Handwerkszeug der Orientierung ist für den normalen Trekker nur eine Angelegenheit für den Notfall. Dieser kann vor allem in Bergregionen mit abrupten Wetterwechseln jederzeit eintreten, so dass Sie sich damit zumindest einmal auseinander setzen sollten. Zur Übung sollten Sie versuchen sich mit Karte und Kompass zu Hause in einem nahegelegenen Wandergebiet durchzuschlagen. Setzen Sie sich vorher ein Ziel, das Sie erreichen wollen, ohne markierte Wanderwege oder ausgeschilderte Straßen zu benutzen.

Weitere hilfreiche Instrumente

Wie zu Beginn bereits angesprochen sind weitere Instrumente zur Orientierung durchaus hilfreich. Dazu gehören ein GPS-Gerät, ein Höhenmesser, ein Schrittzähler und ein Fernglas.

GPS

Das GPS, das Global Positioning System, ist die modernste und sicherste Art, seinen aktuellen Standort zu ermitteln. Mit einem GPS-Gerät können Sie Ihre Position auf weniger als 100 Meter genau bestimmen. Eine Genauigkeit, die für Trekking-Zwecke völlig ausreichend ist. Für den Einsatz bei einer gewöhnlichen Trekking-Tour ist das GPS sicherlich eine Nummer zu groß. Auf meinen Touren bin ich nie in die Situation gekommen, meine Position per GPS ernsthaft bestimmen zu müssen. Sinnvoll ist der Einsatz eines GPS-Geräts dann, wenn Sie auf einer weglosen Outdoor-Tour in topografisch schwer fassbarem Gelände unterwegs sind, z.B. in den endlosen Wäldern Kanadas. Hier kann ein GPS-Gerät Sie vor dem Verirren bewahren.

Literaturtipp

Rainer Höh, „GPS Outdoor-Navigation", ISBN 3-89416-762-9, Praxis-Reihe, Reise Know-How Verlag

Orientierung

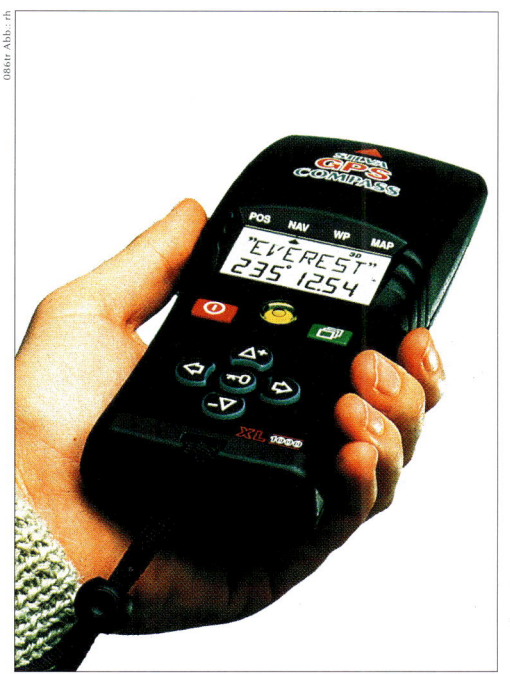

◀ *Das GPS-Gerät gibt die Position auf 10–30 m Genauigkeit an*

Höhenmesser

In 90 % der Fälle ist ein Höhenmesser eine nette Spielerei, die Ihnen sagt, auf welcher Höhe über dem Meeresspiegel Sie sich gerade befinden. In Einzelfällen kann diese Information für die Bestimmung Ihres Standorts aber durchaus wertvoll sein. Gerade im extrem bergigen Gelände ist ein Höhenmesser eine ideale Ergänzung zu Karte und Kompass. Es gilt allerdings zu beachten, dass der Höhenmesser auf der Basis des Luftdrucks arbeitet. Das heißt, Luftdruckänderungen ändern den angezeigten Wert des Höhenmessers. Sie müssen das Gerät möglichst häufig unterwegs eichen, um zu verhindern, dass die Luftdruckschwankungen die Höhenangaben zu sehr verfälschen.

▶ *Höhenmesser*
Field Syscom II

Schrittzähler

Für die Messung von Distanzen im Gelände gibt es als einziges Gerät den Schrittzähler. Dieses Gerät

124

ermittelt über die Zahl der getätigten Schritte die zurückgelegte Entfernung. Das heißt, die Genauigkeit hängt davon ab, wie exakt Sie Ihre Schrittlänge einstellen. Darin besteht auch das Problem des Geräts. Die Schrittlänge variiert natürlich, je nachdem, ob Sie bergauf, bergab, in der Ebene, in schwierigem oder leichtem Gelände wandern. Sie müssen den Schrittzähler immer wieder korrigieren, um halbwegs zuverlässige Ergebnisse zu bekommen. Bei Wanderungen im Flachland halte ich einen Schrittzähler für durchaus interessant, aber für Touren in bergigem Gelände finde ich ihn eher verwirrend als unterstützend.

Fernglas

Um sich im unbekannten Gelände zu orientieren, kann ein Fernglas oft helfen. Gerade im bergigen Gelände, wo die Sicht häufig nicht durch Bäume oder Büsche verdeckt wird, kann der Blick durch das Fernglas die Wegwahl an kritischen Stellen erleichtern. Darüber hinaus kann man mit dem Fernglas interessante Tiere beobachten.

Schwierigkeiten unterwegs

Schwierigkeiten

Verhalten in Notfällen

Je besser die Vorbereitung einer Trekking-Tour ist, je größer die Erfahrungen der Teilnehmer, um so geringer ist die Wahrscheinlichkeit, dass unvorhergesehene Schwierigkeiten auftreten, die eine Tour zum Scheitern verurteilen können. Manche Dinge, wie z.B. das Wetter, kann man jedoch nicht beeinflussen. Unbilden der Natur können unvorhersehbare Ausmaße annehmen. Ich habe es erlebt, dass ein Bach so stark angeschwollen war, dass eine Überquerung unmöglich bzw. zu einem unkalkulierbaren Risiko wurde. Obwohl wir einen ganzen Tag lang bachauf- und bachabwärts suchten, war keine Überquerungsstelle zu finden. Wir mussten umkehren.

 Grundsätzlich gilt in Notfällen: „Ruhe bewahren", keine vorschnellen Aktionen starten und überlegt handeln. Dabei immer an die Gruppe denken und keine unabgesprochenen Alleingänge starten.

Reißende Bäche

Reißende Bäche, die zu breit sind, um einfach darüber hinweg zu springen, sind ein durchaus alltägliches Hindernis auf Trekking-Touren. Wie man damit umgeht, hängt zum einen von der konkreten Situation ab, zum anderen von den eigenen Möglichkeiten, wie Mut, Geschicklichkeit und vorhandener Ausrüstung.

❑ Die genaue Situation im Wasserlauf (Fließgeschwindigkeit, Temperatur, Tiefe) prüfen.
❑ Feststellen, ob ein einfaches Durchwaten des Baches für die Beteiligten der Gruppe möglich ist.

128

Checkliste: Verhalten im Notfall

Die Checkliste hilft im Notfall, die Probleme durchdachter und organisierter zu bewältigen.

☐ *Situation gründlich analysieren. Was ist eigentlich das Problem? Wie bedrohlich ist es?*

☐ *Gibt es Sofortmaßnahmen, die als Allererstes ergriffen werden müssen?*

☐ *Wer aus der Gruppe ist von der Situation am stärksten betroffen? Wie können Sie diesem gemeinsam helfen?*

☐ *Wie können Sie Gefahr für Gesundheit und Körper reduzieren? Welche Schutzmaßnahmen müssen ergriffen werden, um die Situation für alle Beteiligten erträglich zu machen?*

☐ *Gestalten Sie zuerst die Situation für alle Beteiligten einigermaßen erträglich (Schutz gegen Regen und Kälte, Verpflegung, Schmerzlinderung). Danach können Sie sich überlegen, wie Sie Hilfe von außen holen können, wenn Sie die Notfallsituation nicht selbst lösen können.*

☐ *Entwerfen Sie einen Plan, wie Sie die Notfallsituation meistern wollen. Meist gibt es nicht nur einen Weg. Deshalb sollten Sie auch Alternativen entwerfen und gemeinsam diskutieren. Gemeinsam sollten Sie sich für eine Variante entscheiden.*

☐ *Bei der Durchführung des Notfallplans sollten Sie sich klare Erfolgskriterien aufstellen. Das heißt, ein bestimmtes Ziel muss in einer bestimmten Zeit erreicht sein.*

☐ *Wenn Sie das Notfallziel nicht erreichen, müssen Sie den Mut haben, das Scheitern einzugestehen und bereit sein, andere Wege zu gehen.*

Schwierigkeiten

Wechselnde Wasserstände

Sollte die Bachquerung nicht gelingen, muss das nicht das Ende der Tour bedeuten. Ein Bach, der zu einer bestimmten Tageszeit ein unüberwindbares Hindernis darstellt, kann zu einer anderen Tageszeit zum Rinnsal werden oder sogar völlig verschwinden.

Hat es eventuell am Vortag stark geregnet? Der hohe Wasserstand kann damit zusammenhängen. Warten Sie bis zum nächsten Tag, dann kann die Situation schon völlig anders aussehen.

Wird der Bach durch abschmelzende Gletscher gespeist? Dann wird der Wasserstand im Laufe des Tages unter dem Einfluss der Sonnenstrahlung regelmäßig steigen, aber genauso in der Kälte der Nacht wieder zurückgehen. Einen Tag zu warten, ehe man das Handtuch wirft und zurückgeht, kann also durchaus sinnvoll sein.

❏ Ausschau halten nach einem dafür günstigeren Platz. Der Wasserstand eines Wasserlaufs wird flussaufwärts in der Regel niedriger.

Beim Überqueren des Baches muss darauf geachtet werden, dass nasse und moosbewachsene Steine sehr rutschig sind, dass man im Bachbett oft nur sehr schwierig Halt findet und es nichts zum Festhalten gibt.

 Die Strömung ist meist stärker, als es vom Ufer aussieht.

Wenn ein Überspringen oder Durchwaten des Wasserlaufes nicht möglich erscheint, müssen Sie sich nach Hilfsmitteln umschauen. Eventuell können Sie mit Holz und Steinen einen Brückenkopf bauen, von dem aus Sie über den Bach gelangen können.

Tipps zum Durchwaten

☑ *Ziehen Sie die Bergschuhe nicht aus.* Auf den Steinen des Bachbetts behalten Sie damit festen Stand. Barfuß besteht Verletzungsgefahr und die Füße werden durch die Kälte gefühllos. Sie können höchstens die Socken vorher ausziehen.

☑ *Benutzen Sie einen Stock als Stabilisierung.* Trekking-Stöcke sind dafür nicht schlecht, aber oft zu kurz. Ein mindestens 2 m langer Wat-Stock hilft häufig mehr.

☑ *Zwei der drei Auflagepunkte (2 Füße, 1 Stock) sollten immer fest stehen.*

☑ *Möglichst mit dem Gesicht zur Strömung waten.* Das erhöht erfahrungsgemäß die Standfestigkeit.

☑ Sollten Sie ein Seil dabei haben, können Sie sich *gegenseitig sichern.* Allerdings funktioniert dies nur bei Breiten bis ca. 10 m.

Schwierigkeiten

Schnee und Eis

Bei Trekking-Touren in Hochgebirgsregionen kann es leicht vorkommen, dass Sie sogar in der warmen und schneelosen Jahreszeit mal ein Schneefeld oder einen Gletscherausläufer überqueren müssen, obwohl die Tourenbeschreibung darüber kein Wort enthält.

Auch wenn Sie jetzt nicht mit Steigeisen, Grödeln, Seil und Eispickel ausgerüstet sind, muss das nicht das Ende der Trekking-Tour sein. Grundsätzlich müssen Sie aber sehr vorsichtig sein.

Überqueren eines Schneefeldes

▲ Solch ein Schneefeld kann durchaus überquert werden

Um ein Schneefeld zu queren, benötigen Sie:

❏ Günstige Schneebedingungen, das heißt, die Oberfläche ist so weich, dass Sie in den Schnee einsinken und gut Tritte setzen können.

❏ Trittsicherheit, so dass Sie sich auf Ihren Tritt und Ihre Standfestigkeit verlassen können. Trekkingstöcke erhöhen die Sicherheit.

❏ Eine gute Standardausrüstung, vor allem gute Trekking- oder Bergschuhe, die über den Knöcheln Halt geben und ein ausgeprägtes Profil aufweisen. Damit findet man im weichen Schnee problemlos Halt.

Sollten diese Bedingungen nicht gegeben sein, wird die Querung eines Schneefeldes zur lebensgefährlichen Herausforderung. Aktionen mit gegenseitigem Festhalten und ähnlichen Waghalsigkeiten sollten Sie unterlassen.

Queren von Gletschern und Eisfeldern

Das Begehen und Queren von Gletschern ist deutlich gefährlicher als das Begehen von Schneefeldern. Auch wenn die Oberfläche weich und aufgefirnt ist, kann der Untergrund beinhart gefroren und glatt sein. Dazu kommt bei Gletschern noch die Gefahr von Spalten, die durch Schnee abgedeckt sein können. Diese können zur tödlichen Falle werden.

 Von einer Begehung oder Querung von Gletschern ohne die entsprechende Ausrüstung kann ich grundsätzlich nur abraten.

Wilde Tiere

Im Normalfall sind Tiere keine ernsthafte Bedrohung. Die meisten so genannten „wilden Tiere", die mir auf meinen Trekking-Touren begegnet sind, habe ich von hinten gesehen, nämlich auf der Flucht vor mir.

Diese Erdbewohner interessieren sich in der Regel nicht für Menschen, sondern für den Proviant im Rucksack. Deshalb müssen Sie weniger Bedenken haben, dass im Laufe der Nacht ein zähnefletschendes Ungeheuer in das Zelt eindringt, sondern schon viel eher, dass am Morgen ein Teil des Proviants fehlt. Aus diesem Grund muss das Augenmerk darauf liegen, den Proviant vor ungebetenen Mitessern zu schützen.

Leider locken achtlose Trekker durch ihr Verhalten wilde Tiere erst an. Deshalb sollten Sie einige Grundregeln beachten:

 Proviant aufhängen

Packen Sie Ihren Proviant in einen stabilen, dichten Packsack und hängen Sie ihn, so vorhanden, an einem Seil in einen Baum, so dass der Sack sowohl vom Boden 3–4 m als auch vom Stamm des Baumes 1–2 m entfernt baumelt. Das schützt vor Nagern oder Bären.

Schwierigkeiten

⚠ **Niemals den Proviant unverpackt** oder halb geöffnet in der Plastiktüte vor dem Zelt oder in der Apsis liegen lassen.

⚠ Alle **Reste von Nahrungsmitteln** verbrennen oder in den nächsten Fluss werfen.

⚠ Keine **Töpfe oder Pfannen mit Essensresten** vor dem Zelt stehen lassen. Damit machen Sie die Tiere nur auf sich aufmerksam.

⚠ In besonders gefährdeten Gebieten (z.B. Bären in Kanada) **keinen Proviant mit ins Zelt nehmen** und darauf achten, dass keine nach Nahrung riechenden Utensilien (Kochlappen etc.) im oder um das Zelt herum liegen.

Generell gilt: Begegnen Sie wilden Tieren mit gehörigem Respekt und bedenken Sie, dass Sie der Eindringling im Lebensraum der Tiere sind!

Über Begegnungen mit nordamerikanischen **Bären,** vor allem Grizzlies, wurden bereits ganze Bücher geschrieben. Wie man sich in solch einer Situation verhalten soll, ist pauschal eigentlich nicht zu beurteilen. Langsam zurückziehen, tot stellen, anbrüllen, alles Methoden, von denen bereits Erfolgsmeldungen kursieren, aber in Einzelfällen. Es gibt zugegebenermaßen keine Paradelösung.

O36r Abb. 35

▶ *Auch das sind "wilde Tiere"*

Verhalten Sie sich so, dass Sie für den Bären keine Bedrohung darstellen. Achten Sie auf Ihre Körpersprache, der Bär tut es auch. Sollten Sie im Besitz einer Schusswaffe sein, überlegen Sie gut, was sie tun. Nur ein geübter Schütze kann einen Bären mit einem gezielten Schuss zur Strecke bringen, alles andere macht den Bären nur wild und angriffslustig, denn jetzt muss er sich wirklich verteidigen.

Verletzungen und Krankheiten

Allgemeine Hinweise

Zu einer ernsthaften Herausforderung kann es kommen, wenn Sie oder einer Ihrer Trekking-Kameraden sich eine Verletzung zuziehen. Besteht Gefahr für Leib und Leben, müssen Sie alles daran setzen, fremde Hilfe herbeizuschaffen. Sollte dafür keine Möglichkeit bestehen, müssen **Kranke oder Verletzte transportiert** werden:

- Zwei Personen nehmen den Verletzten in die Mitte und stützen ihn.
- Aus zwei starken Ästen und z.B. einem Überzelt oder Jacken bauen Sie eine Trage, die von einer Person (als Rutsche) oder zwei Personen (als Trage) transportiert wird.
- Sie bauen dem Verletzten aus Ästen, Trekkingstöcken etc. Krücken, so dass dieser sich, wenn auch langsam, selbst bewegen kann.
- Sie versuchen einen Transport mit Hilfe von Einheimischen (z.B. mit Pferd oder Muli) zu organisieren.

Auf jeden Fall werden alle anderen Aktivitäten zu Gunsten des Verletzten/Kranken auf ein Minimum reduziert.

Literaturtipp
Armin Wirth,
„Erste Hilfe
unterwegs",
ISBN 3-89416-689-4,
Reise Know-How
Verlag

Schwierigkeiten

Höhenkrankheit

Ab Höhenlagen von wenigstens 3.000 m ist mit Symptomen der Höhenkrankheit zu rechnen. Ihre Ursache sind die Abnahme des Sauerstoffgehaltes in der Luft und die Reduzierung des Luftdrucks.

Die Schwierigkeit bei der Erkennung der Höhenkrankheit liegt darin, dass verschiedene der **Symptome** auch bei fiebrigen Erkältungen oder bei einfacher Erschöpfung auftreten können:

- Kopfschmerzen,
- Brechreiz,
- Beschleunigter Puls,
- Schweißausbrüche,
- Ruhelosigkeit,
- Schwindelgefühle,
- Appetitlosigkeit,
- Atemnot,
- Reduzierte Urteilsfähigkeit.

Das Auftreten der Höhenkrankheit ist völlig unkalkulierbar. Es kann jeden treffen, ob völlig trainiert oder ungeübt. Es kann sein, dass Sie schon dreimal über 5.000 m waren und erst beim vierten Mal sind Sie dran. Das macht die Höhenkrankheit so tückisch. Man darf sie auf keinen Fall unterschätzen, denn nicht erkannt, kann sie in relativ kurzer Zeit zum Tode führen.

Es gibt nur zwei **Therapiemöglichkeiten** bei Höhenkrankheit. Künstlich Sauerstoff zuführen, was in der Regel nicht möglich sein wird, oder auf geringere Meereshöhe absteigen.

 Achten sie auf Ihren Körper und wenn erste Anzeichen von Höhenkrankheit erkennbar sind, legen Sie einen Pausentag auf niedrigerer Höhe ein. Sollte das keine Besserung bringen, steigen Sie ab. Es gibt keine Alternative.

◀ Im Windschatten der Hütte auf 4.700 m Höhe wird die Erschöpfung überwunden.

Erschöpfung

Es sollte eigentlich nicht passieren, aber es kommt doch immer wieder vor: Einer der Trekking-Teilnehmer hat sich auf der Tagesetappe übernommen und ist völlig erschöpft. Derartige Erschöpfungszustände in Folge von körperlicher Überanstrengung äußern sich in zu schnellem Puls, Appetitlosigkeit, Schlappheit etc. Manche dieser Anzeichen treffen auch auf die Höhenkrankheit zu, was natürlich leicht zu Irritationen führt.

Die betroffene Person sollte in möglichst kurzer Zeit wieder zu Kräften kommen.

- Entlasten Sie sie von allen **Gruppenarbeiten.**
- Nehmen Sie ihr, so weit Sie dies leisten können, zumindest auf Teilstrecken das **Gepäck** ab.
- Geben Sie ihr die Möglichkeit sich **hinzulegen** und achten Sie darauf, dass der Kreislauf stabil bleibt (am besten die Füße hochlegen).
- Die erschöpfte Person sollte **zusätzlich Nährstoffe aufnehmen.** Nicht nur über Getränke, sondern auch über kleine Imbisse (Müsliriegel, Suppe, Schokolade, Traubenzucker).

Schwierigkeiten

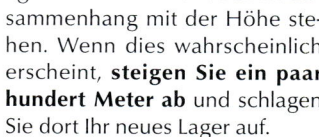 Geben Sie dem Erschöpften ausreichend **Zeit, sich wieder zu erholen.** Wenn nötig, legen Sie einen zusätzlichen Pausentag ein.

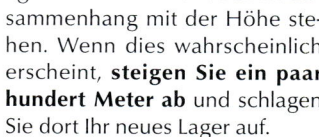 Die Erschöpfungszustände können auch im Zusammenhang mit der Höhe stehen. Wenn dies wahrscheinlich erscheint, **steigen Sie ein paar hundert Meter ab** und schlagen Sie dort Ihr neues Lager auf.

Flüssigkeit aufnehmen

Häufig rühren die Erschöpfungszustände von zu geringer Flüssigkeitsaufnahme. Veranlassen sie den Betroffenen, möglichst viel zu trinken, auch wenn ihm nicht danach zu sein scheint.

Wenn es sich wirklich um rein körperliche Erschöpfungszustände handelt, wird die Person nach einer Nacht oder spätestens nach einem weiteren Tag wieder völlig auf dem Damm sein.

Verirrt sein

Es kann passieren, dass Sie Sich verirren und die Orientierung verlieren, auch wenn Sie immer aufmerksam waren. Abhängig davon, wie stark Sie sich verirrt haben, müssen unterschiedliche Maßnahmen ergriffen werden.

Der einfachste Grad des Verirrens ist dann gegeben, wenn Sie sich **auf einem Weg befinden, aber Ihre genaue Position nicht kennen.**

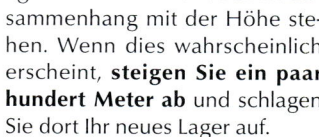 Versuchen Sie Ihren Standort durch Geländemerkmale aus der Umgebung in der Karte zu lokalisieren.

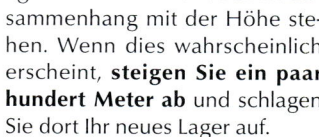 Benutzen Sie eventuell den Höhenmesser (bei Wegen mit klarem Gefälle) oder gehen Sie weiter, bis Sie auf eindeutig identifizierbare Merkmale stoßen.

Sollten Sie den Weg völlig verloren haben, dürfen Sie auf keinen Fall einfach unüberlegt weitergehen und hoffen, dass Sie auf etwas stoßen, das Ihnen wieder Orientierung gibt.

- Versuchen Sie mit Hilfe von Geländemerkmalen die Position zu bestimmen.
- Gehen Sie den Weg zurück, den Sie gekommen sind, bis Sie an einen Punkt gelangen, der Ihnen wieder eine Positionsbestimmung ermöglicht.
- Begeben Sie sich auf einen höher gelegenen Punkt (**Aussichtspunkt**), um von dort Geländemarken zu entdecken, die zur Positionsbestimmung dienen können.
- Versuchen Sie irgendeine **Geländelinie zu erkennen** (auch wenn Sie diese auf der Karte nicht zuordnen können) und halten Sie mit dem Kompass in einem festgelegten Winkel konsequent darauf zu. Gehen Sie so, dass Sie wieder zu Ihrem Ausgangsort zurückkehren können.

Zurückgehen

Zurückgehen ist oft schwierig, da in der Gegenrichtung alles anders aussieht. Zur Erleichterung können Sie sich häufig umdrehen, um die Blickposition des Herwegs einzunehmen.

Ziel einkreisen

Sie wissen, dass sich irgendwo in Ihrer Nähe das angestrebte Ziel, z.B. eine Hütte, befindet. Gehen Sie von Ihrem Standort (mit Hilfe des Kompass) aus in einer eckigen Spirale. Zählen Sie die Schritte jeder Längsseite der Spirale und gehen Sie nach jedem 90° Richtungswechsel so viele Schritte mehr, wie Sie zusammen nach links und rechts sehen können.

Schwierigkeiten

Wenn Sie **völlig ohne Geländemarken,** z.B. in einem ebenen Waldstück, orientierungslos sind, suchen Sie sich eine Richtung aus, in der Sie gefühlsmäßig einen Weg, einen Fluss oder Ähnliches erwarten und behalten Sie konsequent diese Richtung bei.

All diese Rettungsmaßnahmen aus der mehr oder weniger heftigen Orientierungslosigkeit sind überflüssig, sollten Sie im Besitz eines GPS-Gerätes sein. Dieses meldet Ihre gegenwärtigen Koordinaten, die Sie dann auf die Karte übertragen können.

Feindliches Verhalten von Einheimischen

Sie wandern durch einsames Bergland, plötzlich taucht ein bewaffneter Reiter vor Ihnen auf und versperrt den Weg. Das klingt nach einem Alptraum aus einem mittelmäßigen amerikanischen Spielfilm. Die Situation ist zwar ziemlich unwahrscheinlich, aber kann doch eintreten.

Versetzen Sie sich gedanklich erst einmal in die Lage der anderen Person und überlegen Sie, welche Gefahren für diesen einsamen Reiter von Ihnen ausgehen:

- Sie befinden sich auf seinem Land. Für ihn ist jeder, der sich unangemeldet auf seinem Land befindet, ein potenzieller Viehdieb.
- Er hat vielleicht schlechte Erfahrungen mit Touristen gemacht, die Tiergatter haben offen stehen lassen oder Zäune niedergerissen haben.
- Er hat gelernt vom Tourismus zu profitieren und verlangt Wegezoll für die Querung seines Hoheitsgebietes.
- Er lebt in Zwist mit seinen Nachbarn und ist jedem Fremden gegenüber, der von deren Land kommt, misstrauisch.
- Es gibt politische Unruhen im Land. Der Einheimische könnte Vertreter einer politischen Gruppierung sein und aus Prinzip handeln.

Das waren nur einige wenige Erklärungsansätze für das Verhalten des Einheimischen. In der Regel beruht seine feindselige Art auf Missverständnissen oder Fehleinschätzungen der Situation.

⚡ **Verhalten Sie sich freundlich.** Achten Sie auf Gestik und Mimik. Seien Sie keinesfalls aggressiv oder feindselig.

- ⚠ **Versuchen Sie ihm bildhaft zu erklären,** warum Sie hier sind, wo Sie her kommen und wo Sie gerade hin wollen.
- ⚠ Legen Sie eine Pause ein, geben Sie ihm von Ihrem Tagesproviant (ein Stückchen Schokolade, einen Schluck Wasser, eine Zigarette) und **versuchen Sie eine Unterhaltung.**
- ⚠ **Bestehen Sie nicht auf Ihrem geplanten Weg** und nehmen Sie die Vorschläge des Einheimischen zur Kenntnis.
- ⚠ Halten Sie Ihm **auf keinen Fall irgendwelche Waffen** entgegen. Er könnte dies als Provokation verstehen.
- ⚠ Können Sie ihn nicht für sich gewinnen, **treten Sie den Rückzug an.** Lassen Sie sich von ihm aber sagen, welchen Weg Sie seiner Meinung nach gehen dürfen.
- ⚠ **Versuchen Sie nicht, ihn mit Geld zu bestechen.** Sie zeigen damit deutlich Ihren Reichtum. Das könnte ihn veranlassen, mehr zu wollen. Denken Sie an die Entführungen von Touristen, die in den letzten Jahren auf fast allen Kontinenten stattgefunden haben.

Meine Begegnungen mit feindseligen Einheimischen beruhten in der Regel auf Missverständnissen und wurden meist bei einer Zigarette und einer Hand-und-Fuß-Unterhaltung friedlich beendet.

Schwierigkeiten

**Attraktive
Trekking-Touren
weltweit**

Trekking-Touren

Einleitung

Wer bisher noch nicht so richtig auf den Geschmack gekommen ist, dem sollen die nachfolgend beschriebenen Trekking-Touren weltweit das Trekking-Wasser im Munde zusammen laufen lassen. Es sind alle Kontinente vertreten, es sind verschiedene Landschaften dabei und ganz unterschiedliche Ansprüche.

Wer nicht weit fliegen will, kann den GR 20 auf Korsika wählen, wer schneebedeckte Bergiganten liebt, den Annapurna Round Trek in Nepal. Für den Freund des Meeres gibt es den Milford Sound in Neuseeland oder den Torres del Paine im Süden Chiles. Abenteurern kann ich die Ruwenzoris in Uganda oder das Tien Shan in Kirgisztan empfehlen. Aber informieren Sie sich umfassend, denn in so manches Trekking-Gebiet gelangt man erst nach einigen Abenteuern.

Resurrection Pass Trail (Alaska)

Dieser Trek auf der Kenai-Halbinsel im Süden Alaskas bietet die Möglichkeit, in geringer Entfernung von Anchorage die Landschaft und Natur Alaskas zu erleben.

Dauer: 4-5 Tage

Übernachtung: Im Zelt oder in so genannten Cabins für mehrere Personen, die vorher für 25 US$ zu buchen sind.

Schwierigkeit: Auf Grund seiner nicht besonders starken Höhenunterschiede ist er als eher einfach einzustufen.

Höhen: Der Trek verläuft größtenteils in geringer Höhe startet wenig über Meeresniveau und erreicht kaum Höhen von 1.000 m

Infos:
- http://www.customcpu.com/lee/kenai.htm
- http://www.trailmonkey.com/akbike33.htm
- Reiseführer „Canadas großer Westen mit Alaska", Reise Know-How Verlag

Circuito del Illampu (Bolivien)

Die Umrundung des Illampu-Massivs bezieht ihren besonderen Reiz aus ihrer Abgeschiedenheit. Bis auf eine kleine Siedlung am dritten Tag begegnet man kaum Menschen. Trotzdem ist die Tour größtenteils relativ einfach, ohne größere technische Schwierigkeiten, aber immer wieder neuen Ausblicken auf die 6000er des Illampu-Massivs.

Dauer: Ca. 9–10 Tage auf der Normalroute. Erfahrene Geher können die Tour zur Laguna Glaciar einschließen, was etwa 1–2 zusätzliche Tage bedeutet.

Übernachtung: Keine Herbergen unterwegs vorhanden. Übernachtung im Zelt, wobei der höchste Übernachtungsort auf 4.700 m Höhe liegt.

041tr Abb.: gs

▶ *Gletscher im Illampu-Massiv*

Trekking-Touren

Schwierigkeit: Kaum Schwierigkeiten. Große Höhe von 5.000 m für Ungeübte eventuell schwierig. An einzelnen Stellen ist die Wegfindung etwas mühsam.

Höhen: Der Ausgangsort Sorata liegt auf 2.700 m. Der höchste Punkt – ein Pass – liegt auf 5.040 m.

Infos:
- „Trekking in Bolivia", Brain Yossi
- „Backpacking and Trekking in Peru and Bolivia", Hilary Bradt
- Alpenvereinskarte Cordillera Real Nord (Illampu)
- Reiseführer „Peru, Bolivien", Reise Know-How

Torres del Paine Circuit (Chile)

Ein Trek, der spektakuläre Ausblicke in geringen Meereshöhen bietet. Große Höhen kommen auf diesem Trek nicht vor. Faszinierend sind die filigranen Berge Südchiles (wie z.B. die Torres del Paine) und die riesigen Gletscher, an die man zum Anfassen nahe herankommt. Das Wetter mit Wind und Regen kann hier in den Roaring Fourties (Starkwindzone, etwa bei 40° südl. Breite) eines der Haupterschwernisse sein. Ansonsten gehört der Trek um die Torres eher zu den als moderat zu bezeichnenden Touren.

▶ *Das chilenische Paine-Massiv, vom Fjord aus gesehen*

Dauer:	7 Tage, erweiterbar um ca. 3 Tage, wenn man verschiedene Abstecher unternimmt wie z.B. an den Fuß der Torres del Paine.
Übernachtung:	In Hütten entlang des Treks oder im Zelt.
Schwierigkeit:	Der Trek weist keine herausragenden Schwierigkeiten auf. Hauptproblem können auch im Sommer Regen und Wind sein.
Höhen:	Von Meeresniveau bis ca. 1.000 m Höhe.
Infos:	● „Trekking in the Patagonian Andes", Lonely Planet
	● Karten von IGM (Instituto Geografico Militar), Dieciocho 369, Santiago
	● Reiseführer „Chile und die Osterinseln", Reise Know-How Verlag

Durch Zanskar (Indien)

Im Gegensatz zu Nepal ist der Himalaya Nordindiens noch lange nicht so touristisch erschlossen. Dies ermöglicht noch weit intensivere Naturabenteuer. Der Trek durch die Zanskar Mountains von Lamayuru nach Padum verbindet wundervolle Landschaften mit kulturell bedeutenden Stätten und großen Höhen.

Trekking-Touren

088tr Abb.: jm

▶ *In Zanskar erlebt man eine archaische Welt*

Dauer:	11 Tage
Übernachtung:	Keine Lodges auf dem Trek. Es gibt zwar Siedlungen, die aber keine Übernachtungsmöglichkeiten bieten. Deshalb ist nur Zeltübernachtung möglich.
Schwierigkeit:	Die Schwierigkeiten des Treks liegen in seinen Höhen (bis zu 5.000 m) und den nicht immer leicht zu findenden Pfaden.
Höhen:	Der gesamte Trek verläuft deutlich über 3.000 m. Nach dem Start auf 3.200 m in Lamayuru werden diverse Pässe überquert, der höchste (Sengge La) mit 5.000 m Höhe.
Infos:	● „Trekking in the Indian Himalaya", Garry Weare, Lonely Planet Guide ● Reiseführer „Ladakh und Zanskar", Reise Know-How Verlag ● http://www.zyworld.com/footprintsadventure/trekking.html

West Coast Trail (Kanada)

Im Pacific Rim National Park, auf der kanadischen Vancouver Island gelegen, bietet dieser Trail eine klare Abwechslung zu den üblichen Trekking-Touren durch Berge und Täler. Der Verlauf entlang der Pazifikküste bildet den besonderen Reiz. Man muss Küstenfelsen überklettern, Brandungskanäle queren sowie Ebbe und Flut bei der Routenwahl berücksichtigen. Auch das Wildleben kann für Spannung sorgen (Bären).

Dauer:	5-7 Tage, je nach dem, wie weit man die einzelnen Tagesetappen ausdehnt.
Übernachtung:	Die Übernachtung erfolgt in Zelten.
Schwierigkeit:	Ebbe und Flut bereiten die Hauptschwierigkeiten. Wegen der Kletteraktionen an der Küste muss die die Tour als mittelschwierig eingestuft werden.
Höhen:	Keine entscheidenden Höhen, da der gesamte Trek an der Küste entlang verläuft.

Infos:
- „The West Coast Trail", Tim Leadem
- http://www.freshtracks.ca/backpacking/ BP2_West_Coast_Trail.htm
- http://www.sookenet.com/sooke/activity/ trails/wctrail.html
- Reiseführer „Canadas großer Westen mit Alaska", Reise Know-How Verlag

Tien-Shan-Trek (Kirgisztan)

Das Trekking-Gebiet im Tien-Shan-Gebirge gehört zu den wenig begangenen Regionen. Hier können Sie tagelang trekken, ohne einem Menschen zu begegnen. Von romantischen Tälern, in denen sich wilde Bäche durch Nadelwälder schlängeln, können Sie bis auf die Gletscher der 5000er trekken. Der Reiz des Treks liegt in seiner Abgeschiedenheit und der Ursprünglichkeit des Gebietes.

▼ Idyllisches Hochtal mitten im Tien-Shan-Gebirge

043r Abb.: g5

Trekking -Touren

Dauer: Ca. 6-9 Tage, je nach Variante. Sie können auch noch einzelne Tagesabstecher durchführen.

Übernachtung: Keine Herbergen unterwegs. Übernachtung im Zelt, wofür es wunderschöne Lagerplätze gibt.

Schwierigkeit: Kaum Schwierigkeiten. An einzelnen Stellen ist die Wegfindung mühsam. Wichtig ist eine Karte, die man allerdings nur in der Hauptstadt Bishkek bekommt.

Höhen: Der Ausgangsort Karakol liegt auf ca. 1.500 m. Der höchste Punkt – ein Pass – liegt auf 3.800 m.

Infos: ● „Trekking in Russia and Central Asia", Frith Maier
● http://www.fietz-online.de/kirgistan/
ex_out.html
● Wanderkarte nur bei der Kirgisischen Kartographie Agentur, Bishkek, Kiev Road westlich Togolok Moldo

GR 20 (Korsika)

Die Durchquerung Korsikas gehört zu den Standard-Treks in Europa. Wunderschöne Landschaften lassen sich mit Badeaufenthalten verbinden. Der Sommer ist heiß, so dass man das Baden in den Gumpen der Flüsse genießen kann. Das Frühjahr lässt die Vegetation erwachen, der Herbst bietet stabil schönes Wetter.

Dauer: Ca. 13-14 Tage. Die Tagesetappen sind aber so eingeteilt, dass ein guter Geher durchaus mal zwei Etappen packen kann. Zusätzlich sind auch noch Gipfelbesteigungen als Abstecher möglich.

Übernachtung: Im Normalfall im Zelt, allerdings bieten sich unterwegs immer wieder Möglichkeiten, in Schäfereien zu übernachten.

Schwierigkeit: Einzelne Tagesetappen sind durchaus schweißtreibend. Größte Schwierigkeit ist die mediterrane Hitze im Sommer. Deshalb muss man deutlich Frühjahr und Herbst als Gehzeit empfehlen.

▲ *Korsikas Bäume sind meist heftig vom Wind gezeichnet*

Höhen: Der Ausgangsort Calvi liegt am Meer. Die höchsten Erhebungen je nach gewähltem Weg liegen bei ca. 2.000 m.

Infos: ●http://www.compunet.ch/kiwifrog/english/gr20/index.htm
●http://www.klaus-schwenk.de/korsika/gr20.htm

Toubkal-Trek (Marokko)

Der Toubkal-Trek im Hohen Atlas ist auf Grund seiner wüstenhaften Lage eine Besonderheit. Er verbindet trockene Landschaften mit Hochgebirge bis hin zur Schneeregion. Die Trockenheit der Region bildet auch eine der Herausforderungen des Treks, auf die man sich bereits bei der Vorbereitung einstellen muss.

Trekking-Touren

Dauer: 8 Tage für den üblichen Trek, der allerdings in vielfachen Varianten verlängerbar ist.

Übernachtung: Normalerweise im Zelt. An einzelnen Orten auf dem Trek besteht die Möglichkeit, in Lodges zu übernachten.

Schwierigkeit: Auf dem Trek stellt sich immer das Problem der ausreichenden Wasserversorgung. Außerdem ist der Weg manchmal schwierig zu finden.

Höhen: Der Gipfel des Jebel Toubkal liegt auf 4.167 m und bildet den höchsten Punkt der Tour. Ansonsten bewegt man sich in der Regel zwischen 1.500 und 3.000 m.

Infos:
- „The Atlas Mountains, a Walkers Guide", Karl Smith, Cicerone Press
- Reiseführer „Marokko", Reise Know-How Verlag

Annapurna Circuit (Nepal)

Das Annapurna-Massiv gehört zu den imposantesten Teilen des Himalaya. Der Annapurna Circuit führt um das gesamte Massiv herum und bietet permanent gigantische Ausblicke auf die Achttausender Annapurna, Dhaulagiri und Manaslu. Der Trek gehört zu den bekanntesten Treks in Nepal und wird sehr viel begangen. Er ist zwar auf Grund seiner Höhenunterschiede ein anspruchsvoller Trek, da jedoch das Übernachten in Lodges möglich ist, kann man auf Zelt-Equipment verzichten.

Dauer: 18 Tage, erweiterbar um ca. 3-4 Tage, wenn man das Annapurna Base Camp mit anschließt.

Übernachtung: In Lodges in den Orten entlang des Treks.

Schwierigkeit: Was das nötige bergsteigerische Können angeht, ist er nicht besonders schwierig. Eventuell Schnee bei der Überquerung des Thorung La Passes. Hauptschwierigkeit ist die maximale Höhe von gut 5.400 m.

Höhen: Start auf ca. 400 m (Dumre) oder 800 m (Besi Sahar), höchste Stelle des Circuit auf 5.416 m, Ende in Pokhara wieder auf 800 m.

Infos:
- „Rund um den Annapurna", Andrew Stevenson (Sept. 2001)
- Reiseführer „Nepal-Handbuch", Reise Know-How Verlag
- http://www.yetizone.com/annapurna_index.htm
- http://www.virtourist.com/asia/annapurna
- http://home-1.worldonline.nl/~hsdejong/Annapurna/index.html
- http://www.cs.dartmouth.edu/whites/nepal/

Milford-Sound-Trek (Neuseeland)

Generell gilt die Südinsel Neuseelands und dort vor allem der Bereich der Westküste, wie z.B. das Fjordland, als das schönste Trekking-Gebiet der Erde. Dabei wird der Milford-Sound-Trek als der schönste Wanderweg der Welt gehandelt. Dies ist sicherlich nicht völlig falsch, wenn auch andere Trekking-Routen in dieser Gegend (z.B. der Routeburn-Trek) dem Milford-Sound-Trek kaum nachstehen.

Dauer: 4 Tage

Übernachtung: In Hütten, Camping ist nicht gestattet.

Schwierigkeit: Die größte Schwierigkeit des Treks besteht darin, überhaupt eine Genehmigung dafür zu bekommen. Die Nachfrage ist so groß, dass man mindestens ein halbes Jahr im Voraus buchen sollte. Es werden maximal 40 Personen pro Tag zugelassen. Das macht den Zugang zwar schwierig, sorgt aber dafür, dass der Trek niemals überlaufen ist.

Höhen: Beginnend auf Meereshöhe, erreicht der Trek keinen besonderen Höhen.

Infos:
- http://chemhomebase.union.edu/worldtravel/newzealand/milford.html

Trekking-Touren

Kilimandscharo-Besteigung (Tansania)

Der Reiz dieses Treks liegt in zwei Dingen. Zum Einen besteigt man den höchsten Berges Afrikas. Zum Zweiten durchwandert man die verschiedenen Vegetationstypen von tropischen Bergwäldern bis hin zur arktischen Klimazone. Der Trek ist anstrengend, bietet aber die Möglichkeit, zusätzliche Pausentage einzustreuen (z.B. zur Akklimatisierung). Die größte Herausforderung ist die Höhe von knapp 5.900 m, die in wenigen Tagen erklommen wird.

Dauer: Minimum 5 Tage auf der Normalroute von Moshi, erweiterbar um 1–3 Tage, wenn man verschiedene Abstecher unternimmt (z.B. Mawenzi) oder Ruhetage zur Akklimatisierung einlegt.

Übernachtung: In den Hüttenanlagen entlang des Treks. Aber auch mit Zelt möglich, um unabhängig von den oft überfüllten Hütten zu sein.

Schwierigkeit: Größte Schwierigkeit ist der Gipfelsturm von der Kibo-Hütte (4.700 m) aus. Um den Sonnenaufgang am Kraterrand (Gilman's Point) zu erleben, muss man um 1 Uhr nachts starten. Die Höhe macht fast allen zu schaffen.

Höhen: Der Ausgangsort, das Park Gate bei Marangu, liegt auf 1.840 m. Der Gipfel erreicht 5.895 m.

Infos:
- „Kilimanjaro, Tanzania", Peter Rotter (Buch und Karte)
- http://www.climbingkilimanjaro.com/marangu.htm
- http://www.peakware.com/encyclopedia/peaks/kilimanjaro.htm
- Reiseführer „Tansania, Sansibar", Reise Know-How Verlag

Ruwenzori Central Circuit Trail (Uganda)

Die Ruwenzoris im Osten Ugandas an der Grenze zu Zaire sind ein Gebirge, das auf Höhen von knapp über 5.000 m (Mt. Stanley 5.109 m) ansteigt. Die Besonderheit des Ruwenzori-Treks liegt in der einzigartigen tropischen Gebirgsvegetation, die in der dortigen Art und vor allem gigantischen Größe (Riesenlobelien und Riesensenecien) an keinem anderen Ort zu finden ist. Grund für die besondere Vegetation ist der Regenreichtum des Gebiets. 3.000 mm Niederschlag werden jährlich immer erreicht und Tage ohne Regen gehören auch in der Trockenzeit zur absoluten Ausnahme.

047r Abb.: gs

▶ *Riesige Senecien sind das Markenzeichen der Nebelberge (Ruwenzoris)*

Trekking -Touren

Dauer: 6-7 Tage, erweiterbar um ca. 2-3 Tage, wenn einige Gipfel bestiegen werden.

Übernachtung: In unbewirtschafteten Hütten, die teilweise in erbärmlichem Zustand sind. Bei starkem Andrang kann ein Zelt durchaus notwendig sein.

Schwierigkeit: Der Ruwenzori Central Circuit Trail gehört zu den anspruchsvollen Treks. Die Unwegigkeit des Geländes stellt den Trekker vor Probleme. Ein Großteil der Tour verläuft durch sumpfiges Gelände. Es ist durchaus keine Seltenheit, dass man bis zu den Hüften im Schlamm steht. Daraus erwachsen besondere Herausforderungen an Kondition und Ausdauer.

Höhen: Start bei ca. 1.600 m, höchste Stelle des Circuit bei 4.400 m, der höchste Gipfel erreicht 5.109 m

Infos: ●„Ruwenzori, Uganda", Peter Rotter (Buch, Karte)

Kaibab Trail (Grand Canyon, USA)

Der Kaibab Trail ist allein wegen seiner Lage im Grand Canyon National Park schon eine Besonderheit. Wer kennt nicht die atemberaubenden Sonnenuntergangsbilder in diesem tollen Canyon. Der Trek bietet nun eine Vielzahl von Möglichkeiten die Schönheiten des Grand Canyon direkt und live mitzuerleben. Trotz seiner Kürze ist er bezüglich der körperlichen Anstrengung nicht zu unterschätzen.

Dauer: 3 Tage. Dazu kann man noch etwas ergänzen oder z.B. einen Aufenthalt am Colorado River einfügen.

Übernachtung: Im Zelt. Campgrounds sind an den Übernachtungsstellen eingerichtet.

Schwierigkeit: Der Trek überwindet in der Kürze der Zeit relativ große Höhenunterschiede. Außerdem herrschen beim Colorado River hohe Temperaturen.

Höhen: Die Tour beginnt auf gut 2.200 m, fällt bis ca. 800 m ab und steigt wieder auf ca. 2.500 m an.

Infos: ●http://www.grandcanyonhiker.com/
●Reise- und Freizeitführer „USA Südwesten, Natur und Wandern", Reise Know-How Verlag

Highline Trail
(Glacier National Park, USA)

Der Glacier National Park bietet atemberaubende landschaftliche Ausblicke mit Gletscherformationen, wie man sie sonst in den USA kaum findet. Der Highline Trail kombiniert verschiedene kürzere Trekking-Touren und fängt die Vielfalt dieser Landschaft perfekt ein.

Dauer: 5-7 Tage, wobei verschiedentlich Abstecher möglich sind.

Übernachtung: Im Zelt.

Schwierigkeit: Der Trek weist zwar keine besonderen technischen Schwierigkeiten auf, ist aber auf Grund seines Routenverlaufs als durchaus anstrengend einzustufen.

Höhen: Der Trek bewegt sich etwa in Höhen zwischen 1.700 m und 2.600 m.

Infos: ●http://www.bobulrich.com/gp03.htm
●Reiseführer „USA/Canada", Reise Know-How Verlag

048lr Abb.: gs

Trekking-Touren

Anhang

Internet-Adressen

Es gibt endlos viele Adressen von Ausrüstern, Veranstaltern, Outdoor-Spezialisten und vielem mehr. Am schnellsten kommt man an diese Adressen über die nachfolgend aufgelisteten Internet-Adressen.

http://www.alpenverein.de
Homepage des DAV mit Infos zu Bergsteigen und Wandern. Auch weiterführende Links.

http://www.outdoornet.de
Sammlung von Outdoor-Informationen. Enthält umfangreiche Check-Listen. Sehr viel Infos zu Material und Ausrüstung. Hinweise auf Händler und Zeitschriften.

http://www.outdoorfreizeit.com/outdoor/index.html
Adressen und Links von Ausrüstungsfirmen. Vom Anorak bis zum Zelt. Sehr umfangreich.

http://www.outdoorwelt.de/Outdoorfibel/outdoorfibel.html
Hier werden Tipps und Infos von Trekkern gesammelt. Sind noch nicht sehr viele, aber es könnte sich entwickeln.

http://www.netit.de/aj/
The Adventure Jack – eine Sammlung von Outdoor-Geschichten. Darunter sind viele Trekking-Beschreibungen aus der ganzen Welt.

http://www.olafhelper.de/outdoor/
Eine private Homepage mit ganz netten Informationen zum Trekking mit Tipps, Trail-Vorschlägen und Hinweisen zu weiteren Infoquellen.

http://www.trekkingseiten.de/
Private Homepage mit Infos zu Ausrüstung, Herstellern, Tipps, Links und Bildern. Etwas Island-lastig, aber gut im Ansatz.

http://www.auswaertiges-amt.de/www/de/index_html
Seite des Auswärtigen Amtes mit Einreisebestimmungen, Gesundheitstipps, Länderinformationen etc.

http://www.who.int
Seite der Weltgesundheitsorganisation mit Informationen zu Gesundheitsvorsorge und zu Impfungen weltweit.

http://www.tripprep.com
Seite von Travel Health Online mit umfangreichen Informationen zu Gesundheitsvorsorge und zu Impfungen weltweit.

http://www.greulmountain-books.de
Aree Greul hat eine Vielzahl von Karten, Führern und Reisebüchern im Angebot. Schwerpunkt Bergsteigen und Trekking.

http://www.landkartenhaus.de
Alles an Landkarten im Angebot, was in Deutschland erhältlich ist.

Anhang

Outdoor-Praxis

Alles über Ausrüstung, Leben und Überleben in der Wildnis zu jeder Jahreszeit

Alle überlebenswichtigen Informationen komplett in einem Buch:

- **Ausrüstung:** das komplette Equipment von Bekleidung über Rucksack, Schlafsack und Zelt bis zur Kochausrüstung und sonstigem Zubehör. Tabellen geben einen raschen Überblick, was für welchen Zweck geeignet ist. Detaillierte Checklisten fürs Packen fehlen nicht.

- **Proviant:** Nahrungsbedarf, Grundnahrungsmittel für Outdoorzwecke, Herstellung von Trockennahrung und Energierationen, detaillierte Proviantliste.

- **Leben in der Wildnis:** Flussdurchquerung, Floßbau, Wintertips, Orientierung, Wetter, Camp einrichten, Wintercamping, Knotenkunde, Feuermachen bis hin zum Kochen und Brotbacken, mit vielen Rezepten.

- **Gefahren:** Unterkühlung, Erfrierungen, Lawinengefahr, Schneeblindheit, Höhenkrankheit, Blitzschlag und richtiges Verhalten in Bärengebieten.

- **Survival:** Verirrt, Feuer, Wetterschutz, Wasser, Nahrung aus der Natur und Notsignale.

Rainer Höh: **Outdoor-Praxis,** 408 Seiten, über 200 erklärende Zeichnungen und viele Fotos, Fadenheftung, 406 Gramm, ISBN 3-89416-629-0

REISE KNOW-HOW Verlag, Bielefeld

MEDIZINISCHE HILFE UNTERWEGS

David Werner
Wo es keinen Arzt gibt

- **Medizinisches Grundwissen für Reisen in die Dritte Welt**
- **Diagnose und Behandlung:** Tropen-, Haut- und Augenkrankheiten, Zahnprobleme, Erkrankungen von Blase, Genitalien usw.
- **Erste Hilfe:** Was tun bei Fieber, Schock, Ohnmacht, Unfällen, Hitzeschäden? Behandlung von Wunden, Knochenbrüchen, Verrenkungen, Vergiftungen, Bissen, Transport von Verletzten
- **Anhang für Fernreisende:** Impfkalender, Adressen der Tropeninstitute, Reiseapotheke, Malariaresistenzliste
- 360 Seiten, ISBN 3-8317-1019-8

Armin Wirth
Erste Hilfe unterwegs
Effektiv und praxisnah

- **Grundlagen der Ersten und Zweiten Hilfe** speziell für Reisende, Outdoorsportler und Expeditionen
- Tipps zur **Vorbereitung** auf die Reise und zur **Prävention** von Unfällen
- **Übersichtliche Diagnoseschemata** zum schnellen Erkennen der Schädigung oder Krankheit
- Vorgehensweise für **alle häufigen und bedrohlichen Schädigungen und Krankheiten** von Angina Pectoris über Erfrierungen, Wärmeprobleme und Höhenkrankheit bis Zyanose
- 336 Seiten, ISBN 3-89416-689-4

REISE KNOW-HOW Verlag, Bielefeld

Anhang

Praxis – die neuen handlichen Ratgeber

Wer seine Freizeit aktiv verbringt und moderne Abenteuer sucht, braucht spezielles wissen, das in keiner Schule gelehrt wird. REISE KNOW-HOW beantwortet die vielen Fragen rund um Freizeit, Urlaub und Reisen in der Ratgeberreihe: „Praxis".

R. Höh: GPS Outdoor-Navigation
ISBN 3-89416-762-9

R. Kuster: Dschungelwandern
ISBN 3-89416-759-9

R. Höh: Orientierung mit Kompass und GPS
ISBN 3-89416-755-6

W. Schwieder: Richtig Kartenlesen
ISBN 3-89416-753-x

H. Hermann: Reisefotografie
ISBN 3-89416-772-6

R. Höh:
Wildnis-Ausrüstung
ISBN 3-89416-750-5

R. Höh:
Wildnis-Küche
ISBN 3-89416-751-3

R. Höh:
Winterwandern
ISBN 3-89416-761-0

J. Edelmann:
Vulkane besteigen und erkunden
ISBN 3-89416-764-5

Jeder Titel:
144-160 Seiten, robuste Fadenheftung,
Taschenformat 10,5 x 17 cm,
Register und Griffmarken
Weitere Titel siehe Seite 168.

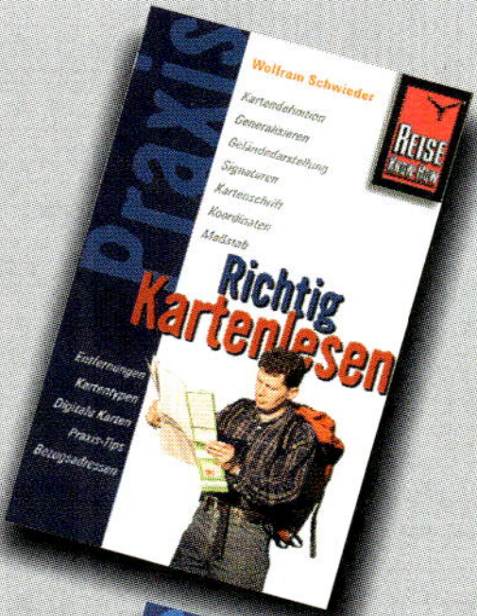
Praxis
Wolfram Schwieder
Kartendefinition
Generalisieren
Geländedarstellung
Signaturen
Kartenschrift
Koordinaten
Maßstab
Richtig Kartenlesen
Entfernungen
Kartentypen
Digitale Karten
Praxis-Tips
Bezugsadressen

Praxis
Rainer Höh
Wildnis Küche
Naturnahrung
Trockennahrung
Outdoor Backen
Aufbewahrung

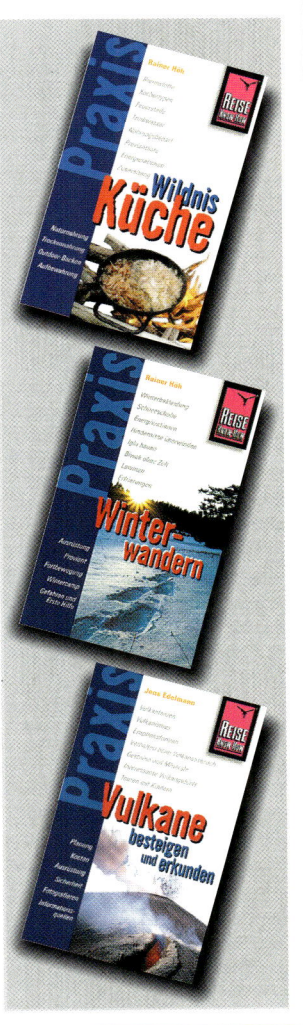

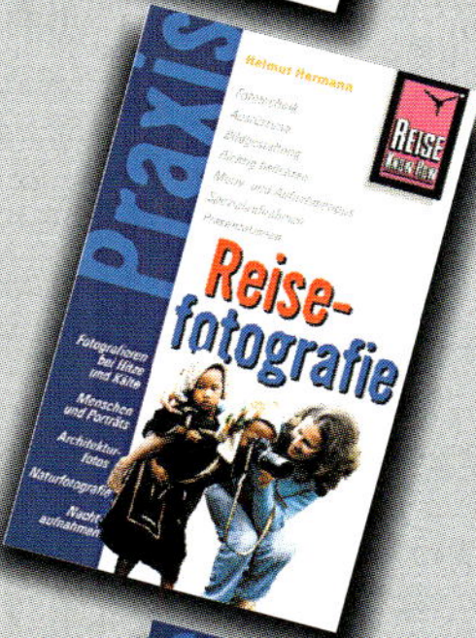
Praxis
Helmut Hermann
Reise-fotografie
Fotografieren bei Hitze und Kälte
Menschen und Porträts
Architekturfotos

Praxis
Rainer Höh
Winterbekleidung
Schneeschuhe
Energiereserven
Hindernisse überwinden
Iglu bauen
Biwak ohne Zelt
Lawinen
Erfrierungen
Winter-wandern
Ausrüstung
Proviant
Fortbewegung
Wintercamp
Gefahren und Erste Hilfe

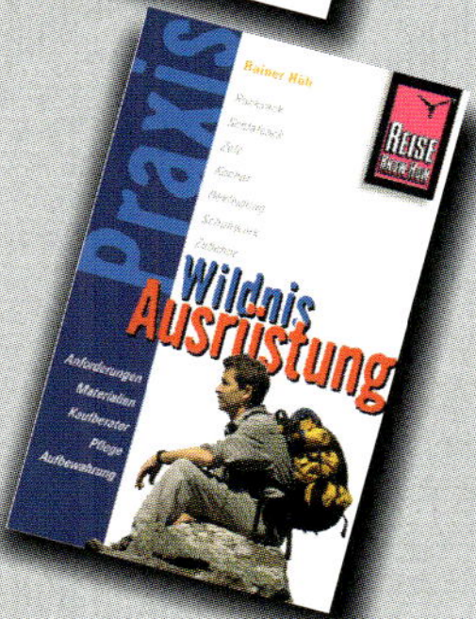
Praxis
Rainer Höh
Wildnis Ausrüstung
Anforderungen
Materialien
Kaufberater
Pflege
Aufbewahrung

Praxis
Jens Edelmann
Vulkane besteigen und erkunden
Planung
Kosten
Ausrüstung
Sicherheit
Fotografieren
Informationsquellen

Alle Reiseführer auf einen Blick

Reisehandbücher
Urlaubshandbücher
Reisesachbücher
Rad & Bike

Reise Know-How

Anhang

Alle Reiseführer auf einen Blick

Praxis

All Inclusive
Daoismus erleben
Dschungelwandern
Essbare
  Früchte Asiens
Fernreisen
  auf eigene Faust
Fernreisen mit dem
  eigenen Fahrzeug
Fliegen ohne Angst
GPS Outdoor-
  Navigation
Hinduismus erleben
Höhlen erkunden
Islam erleben
Kanu-Handbuch
Küstensegeln
Orientierung
  mit Kompass
  und GPS
Reisefotografie
Reisen und Schreiben

Richtig Kartenlesen
Schutz vor Gewalt
  und Kriminalität
Sicherheit im und
  auf dem Meer
Sonne, Wind
  und Wetter
Survival-Handbuch,
  Natur-
  katastrophen
Tauchen in kalten
  Gewässern
Tauchen in warmen
  Gewässern
Trekking-Handbuch
Vulkane besteigen
Wildnis-Ausrüstung
Wildnis-Küche
Winterwandern

Edition RKH

Finca auf Mallorca
Geschichten aus
  dem anderen
  Mallorca
Goldene Insel
Mallorquinische
  Reise, Eine
Please wait
  to be seated!
Salzkarawane, Die

KulturSchock

Ägypten
China
Indien
Iran
Islam
Japan
Marokko
Mexiko
Pakistan
Russland
Thailand
Türkei
Vietnam

Wo man unsere Reiseliteratur bekommt:

Jede Buchhandlung in der BRD, der Schweiz, Österreichs und in
den Benelux-Staaten kann unsere Bücher beziehen.
Wer trotzdem keine findet, kann alle Bücher über unseren Internet-
Shop unter **www.reise-know-how.de** oder
www.reisebuch.de bestellen.

Neu! —
Landkarten von —

In Zusammenarbeit mit der *Map Alliance* startet *Reise Know-How* jetzt das **World Mapping Project™**. Im Juni 2001 werden die ersten von über 200 neuen Landkarten erscheinen, die die ganze Welt abdecken. Alle Karten sind GPS-tauglich, mit Höhenlinien und -schichten und mit ausführlichem Ortsregister.

Ab Juni 2001 sind lieferbar:
❏ Andalusien (1:650.000)
❏ Australien (1:4.500.000)
❏ Cuba (1:850.000)
❏ Deutsche Ostseeküste (1:250.000)
❏ Deutsche Nordseeküste (1:250.000)
❏ Dominikan. Republik (1:450.000)
❏ Gran Canaria (1:100.000)
❏ Kroatien (1:600.000)
❏ Mallorca (1:150.000)
❏ Marokko (1:1.000.000)
❏ Berlin – Ostsee (1:250.000)
❏ Mexiko (1:2.250.000)
❏ Namibia (1:1.250.000)
❏ Neuseeland (1:1.000.000)
❏ Polen (1:850.000)

Ab Sept. 2001 sind lieferbar:
❏ Ägypten (1:1.250.000)
❏ Costa Brava (1:120.000)
❏ Costa del Sol (1: 200.000)
❏ Guatemala, Belize (1:500.000)
❏ Indien (1:2.900.000)
❏ Kapverdische Inseln (1:diverse)
❏ Libyen (1: 2.000.000)
❏ Madeira (1:45.000)
❏ Malta, Gozo (1:50.000)
❏ Voralpenland (1:250.000)
❏ Sri Lanka (1:500.000)
❏ Südafrika (1:1.700.000)
❏ Teneriffa (1:120.000)
❏ Thailand (1:1.200.000)
❏ Tunesien (1:850.000)

Alle Karten haben gefaltet das Maß 10 x 25 cm (aufgefaltet 60 x 92 cm), ein- oder beidseitig bedruckt und passen so in jede Westentasche, kein störender Pappumschlag.
Der Preis: € 7,90 (DM 15,45) bzw. € 8,90 (DM 17,45).

Jetzt vorbestellen:
beim Buchhändler oder unter www.reise-know-how.de oder per Fax 0521-441047 (diese Seite kopieren und die gewünschte Karte ankreuzen). Zustellung innerhalb der BRD kostenlos!

❏ Bitte halten Sie mich über den Fortgang des **World Mapping Project™** (60 weitere Karten in 2002) auf dem Laufenden.

Anhang

Kauder-welsch!

Die **Sprachführer der Reihe Kauderwelsch** helfen dem Reisenden, wirklich zu sprechen und die Menschen zu verstehen. Wie wird das gemacht?

●Die **Grammatik** wird in einfacher Sprache so weit erklärt, dass es möglich wird, ohne viel Paukerei mit dem Sprechen zu beginnen, wenn auch nicht gerade druckreif.

●Alle Beispielsätze werden doppelt ins Deutsche übertragen: zum einen **Wort-für-Wort,** zum anderen in "ordentliches" Hochdeutsch. So wird das fremde Sprachsystem sehr gut durchschaubar. Ohne eine Wort-für-Wort-Übersetzung ist es so gut wie unmöglich, einzelne Wörter in einem Satz auszutauschen.

●Die **Autorinnen und Autoren** der Reihe sind Globetrotter, die die Sprache im Lande gelernt haben. Sie wissen daher genau, wie und was die Leute auf der Straße sprechen. Deren Ausdrucksweise ist häufig viel einfacher und direkter als z.B. die Sprache der Literatur. Außer der Sprache vermitteln die Autoren Verhaltenstipps und erklären Besonderheiten des Reiselandes.

●Jeder Band hat 96 bis 160 Seiten. Zu jedem Titel ist eine begleitende **TB-Kassette** (60 Min) erhältlich.

●**Kauderwelsch-Sprachführer gibt es für über 70 Sprachen in mehr als 120 Bänden!**